別為了做好人淪為好欺負的人

掌握主導權，活成人生主角

이남훈
李南勳——著
Loui——譯

·序·

你想要被浪潮淹沒，落得兔死狗烹，還是要站上浪頭，一路順風而行？

世界上的力量有著各種形式。

像是從中心向外推進的離心力、方向與之相反的向心力，與速度成正比的加速力、試圖抵抗速度的摩擦力，以及恢復原狀的恢復力、反抗力量的阻力等，這些力量同樣適用於現實的人類社會。它們隨著社會的發展、衝突、團結，原封不動地展現出來。然而，有種力量不存在於自然界中，極其獨特，那就是主導力。它是一種積極的力量，使我們得以站在最前線，掌握整體的平衡與和諧，實現自己的目標。人們通常稱它為「主導權」，意思是「在主動的位置上，引領他人的權利與權力」。

勝負取決於策略，智慧之爭

主導權可以對一個人的生活帶來巨大影響。當你深陷負面情緒、感覺人際關係變得沉重、開始被工作牽著鼻子走的時候，通往奴役之路的地獄大門就在你眼前了。因為你將任人擺布，無法再按照自己的計畫或預期的方向前進，甚至連自己的人生目標都忘記。「生命本是一場虛無」、「人生只有苦難」這類的話，或許絕大多數都是一味迎合他人，喪失自身人生的主導權，最終被逼入死胡同的那些人所發出的牢騷與感嘆。

既然如此，沒有或失去主導權的人是否應該怪自己的社會地位太低或權力不夠呢？所幸沒有這個必要。主導權最大的特徵就是，它的力量或速度不一定成正比成長。由此可見，就算社會地位低或缺乏權力，還是有機會掌握主導權。

儘管表面上擁有最大權力的是君主或國王，出色的臣子依然能讓國家走上正軌，狡猾的奸臣照樣能讓國家陷入混亂。而在一家公司裡，老闆看似擁有強權，有能力的組長卻可以掌握工作的脈絡，可以集組員們的尊敬於一身。同樣地，擁有財富或年紀，也不表示一定有主導權。

之所以如此，是因為主導權有個非常獨特的性質——應策略而生。假如懂得掌握情勢、觀察別人、分配力量、找出關鍵之處，無論你是弱勢或弱者，都能取得主導權。這些事不是有權、有錢、有年紀就能做到。主導權之爭的勝負取決於策略，也就是智慧之爭。

喪失主導權的人表現出來的樣子

喪失主導權的人在生活中有幾項特徵。一直努力工作，沒有任何怨言，卻不是在公司面臨兔死狗烹的危機，就是備受好評也感到不安。他們想要當「好人」，於是善待別人，卻反過來被利用或無視，淪為「濫好人」。為家庭奉獻一生，卻得不到家人尊敬的人，也是喪失主導權的典型範例。

明明這麼努力、認真、積極過生活，為何成果比想像中無趣，比期待更空虛呢？事實上，主導權並非用心度過每一天就能獲得的力量。雖然它是活出充實人生的核心，卻無法獨力制定策略。若要制定策略，我們必須達到更高的境界，學會眺望自身與人生、周遭的關係，重新分配力量與資源才行。這當中的差異有如奔波繪製的平面地圖與空中俯瞰的３Ｄ地圖，完全是天壤之別。讀懂全盤局勢，方可看見原本看不見的東西，揭露被遮蓋的一切。

特別是主導權對一個人的心態影響甚大，能使人生變得更主動。想要克服不安、憂鬱、絕望的狀態，光靠精神力量是不夠的。但要是可以掌握現實的主導權，不僅可以讓我們直視希望，還可以藉機獲得信心，激發強烈的挑戰欲望。總歸來說，掌握主導權可以加快內在的正向變化。

主導權是寶貴的人生力量，可惜沒人把它整理成教科書，也不會有人好好教我們。因為這是守護自己力量的祕訣之一，所以大家都不願意和身邊的人分享。

但是很久以前，早有為了主導權奮鬥的例子。經過兩千五百年歲月創造的東洋經典名著當中，充滿了偉大的英雄、天才參謀們，以及憑藉自身才智開創人生的人們所留下來的智慧。這些智慧歷經歲月的驗證，值得信賴與依靠。但願厭倦人生的各位能透過這本書，獲得勇氣與創意，掌握人生的主導權。

不滅

Invictus

籠罩我的夜有如坑道漆黑，

感謝上蒼賜予我永不屈服的靈魂。

儘管落在殘酷的現實魔爪中，我也沒有退縮或嚎啕大哭。

就算命運的棍棒打得我渾身是血，我也不會屈服。

憤怒與悲嘆的另一邊僅有巨大的陰霾，

面對歲月的威嚇，我從未恐懼得發抖。

無論未來要跨過的門檻有多高，

等在前方的懲罰有多嚴酷，我都無所謂。

我是我命運的主人，我是我靈魂的船長。

——威廉．歐內斯特．亨利（William Ernest Henley）

·目錄·

PART 6 帶頭、跟隨，或者閃避

提升社會地位的智慧

如果不能放膽撕咬，
最好也不要叫

活成人生主角的真諦

PART 1

哲學家尼采（Nietzsche）看著肉鋪前的狗，洞察了人類欲望的兩面性。那隻狗很想快點吃肉，卻又怕被主人手上的刀砍傷，於是不停在旁邊徘徊、吠叫。想做某件事卻感到膽怯，心裡既渴望又猶豫，許多人都無法擺脫這樣的內心枷鎖。可是，只會叫的狗和果斷衝進肉鋪放膽撕咬的狗有著天壤之別。後者雖然有可能負傷，但牠可以獲得吃肉的滿足感，以及自己辦得到的自信心。不僅如此，這隻狗以後想要什麼，都會勇往直前，不會害怕受傷。

掌握主導權，活成人生主角的邏輯與此非常相似。起初你或許會猶豫，擔心自己做不到，但如果你領會策略，試著去實踐它們，很快就會嚐到「肉味」，興奮衝向它的感覺將成為令人酥麻的一種刺激。

你要扮演陪襯主角的配角到什麼時候呢？比起「忠於角色」的微弱自我安慰，不如像隻可怕的獵犬向前衝，建立「忠於人生」的強大自尊感。

寧教我負天下人，休教天下人負我

曹操的主導權是「理解與操縱背叛的能力」

「袁紹的勢力強大，連我都難以自保，
何況是其他軍士。你們去稟告袁紹，
我曹操可不是這麼小心眼的人。」

世界上最可怕的敵人不是外敵，是內鬼。許多帝國的盛衰興亡都印證了這點，而經營企業時，內部的貪腐與謊言、技術外流等往往也會徹底毀掉一家原本好端端的公司。在人際關係上，內鬼自然是背叛自己的親友。由於別人太了解自己，受到的打擊更沉痛，留下的傷痕亦難以癒合。可是，我們不太可能因為害怕遭人背叛，就不和別人打交道，也不可能為此斬斷現有的人際關係。我們必須關注的是，自身能否認清別人的背叛，理解它的本質，從而妥善應對。畢竟未知的事物令人心生恐懼，不熟悉的事物只會傷害到我們自己。

有個人對這一類的問題有著獨到見解，那就是《三國志》的曹操。儘管世人將他稱為「奸雄」，他的表現卻可謂是充分展現英雄風範。尤其是與他有關的故事當中，隨處可見「背叛」這個關鍵字，比如一開始的呂伯奢滅門事件、只論能力連叛徒都任用的選才方式，再到二十年親信荀彧顯露背叛跡象而亡等。在各位學習英雄們如何以智慧掌握一切的過程中，最適合的開場人物莫過於曹操。

背叛的根本是信任

如果要選出《三國志》中最壞的反派，封某人為「惡人的代名詞」，毋庸置疑是董卓。他起初只是個小官，後來獲得周遭支持，爬得愈來愈高。不過他將軍隊當成自己的私兵，藉此掌握政權、展開暴政。時光流逝，想要殺掉他的人愈來愈多，曹操也不例外。然而暗殺計畫失敗，迫使曹操踏上逃亡之路。

曹操在某個村莊結識陳宮，他對曹操暗殺董卓的故事驚嘆不已，甚至放棄掌管地方的縣令官職，投其麾下。曹操當時正在找尋暫時居所，於是他拜訪了父親的義兄弟呂伯奢。呂伯奢同意兩人投宿，並邀他們對飲。幾杯黃湯下肚，酒罈也見底了。

呂伯奢外出買酒時，外面傳來的磨刀聲和討論如何宰殺的對話使得本來正在休息的曹操變得緊張。害怕的他悄悄繞到外面，殺光門外的八個人。他接著走向廚房，查看是否有其他人，卻被眼前景象嚇了一跳。因為那裡綁著一頭剛抓來，準備做下酒菜的豬。他發現自己鑄下大錯，連忙和陳宮離開呂家，再度展開逃亡。

然而，他在路上碰到了買酒回來的呂伯奢。呂伯奢感到不解，詢問曹操為何急著離開，但他露出不安焦躁的神情，說不出一句話。要是就這樣告別，呂伯奢回到家中，發現家人慘死，勢必會到官衙告發他。曹操勉強應和幾句話之後，最終冷不防舉刀殺死呂伯奢。陳宮目睹曹操連續殺人，嚇得出聲斥責，曹操憤然回道：

「寧教我負天下人，休教天下人負我。」

翌晨，曹操淡然接受陳宮離開自己的事實，重新上路。曹操回想起那個連他自己都驚慌失措的前夜悲劇時，有了何種領悟與決心呢？

連叛徒都任用的原因

從某個角度來看，這起事件極其重要，因為它帶給曹操相當大的啟發。他不僅從中親身經歷背叛，得知人會在怎樣的情況下選擇這麼做，又能做出怎樣的事情，同時也體認到「世人隨時都準備好背叛別人」的現實。他自己都這麼做了，別人為什麼不可以？在這樣的反思之下，曹操成了一個願意接受背叛，對此寬容的人。

後人時常說曹操胸襟廣大，但其實是因為他比誰都熟知背叛，說他懂得接納別人的背叛或許更為貼切。他表現出的並非「你背叛了，所以是壞人」的定罪態度，而是「生而為人，背叛也是難免」的憐憫姿態。

曹操在官渡地區與敵將袁紹一決勝負時，內部出現多名向袁紹通風報信的叛徒，他在大戰之前將他們抓了起來。然而戰事在即，他沒有時間處置他們。後來，曹操的兵力雖處劣勢，依然取得了勝利。戰後，他舉辦了慶功宴。

當時，曹操命人準備巨大的火爐，並將先前逮捕的叛徒全帶到宴席。熾熱的火焰在巨大火爐中熊熊燃燒，低頭站在火爐下的叛徒們感受到死亡即將來臨。曹操將他們先前向敵人通風報信的內容一字一句朗讀給眾人聽，在一旁的參謀怒不可遏，說要把叛徒全都丟到火爐裡。但是，曹操卻將自己讀完的信全扔進火爐，笑著大聲說：

> 「袁紹的勢力強大，連我都難以自保，何況是其他軍士。你們去稟告袁紹，我曹操可不是這麼小心眼的人。」

曹操釋放了所有可能把自己逼上絕路的叛徒，令人相當訝異。他這麼做，或許是出於對自己的憐憫，因為他曾在不得已的情況下背叛呂伯奢。可以肯定的是，這件事讓曹操不再將某人的背叛視為「必須定罪的惡行」。

曹操的思維對他的英雄之路有莫大的助益。因為他廣納人才，不追究他們的過去，打造了屬於自己的堅強陣容。曹操選才的原則是唯才是舉，凡是有才華的人，無論背景經歷，都可以薦舉採用，甚至連背叛君主的人也不例外。

這是非常實用的選才良策，不過有個前提，那就是「防堵背叛的能力」。假如過去曾遭背叛，或者沒有能力防止別人背叛，不可能以這種方式招募人才。但曹操有自信，因為他本身就是背叛大師。

理解背叛就是理解他人

從某個角度來看，理解背叛無異於理解他人。理解他人的話，便能更純熟、從容地對待他人。生活中的禮節也有相似的作用。禮節看似繁瑣、麻煩，卻為人們帶來更多的方便。

孔子的《論語》當中收錄了這樣一句話：

「恭而無禮則勞，慎而無禮則葸。」

不懂禮節，一味對人恭敬，反倒會令自己勞苦。不懂禮節，太過貶低自己，反倒會讓自己顯得畏縮。由此可見，禮節非但不是為了讓人不自在，反倒是讓人變得自在的存在。以相同邏輯敘述背叛的話，我們可以這麼說：

「如果只知信任，不懂如何背叛，你就會一直被人欺騙。如果只知正直，不懂如何背叛，你就會一直受人利用。」

曹操雖然展現出理解、接納背叛的態度，但不代表他願意容忍形似內部分裂的背叛。他的二十年親信，荀彧的下場說明了這一點。荀彧是一位出色的軍事家，曹操甚至稱他「隱藏的智囊」，對他極其信任依賴，遠勝其他參謀。

天下大權幾乎落在曹操手中時，有個參謀建議他自封為王，享受皇帝賜予的九大特權。每個特權都十分不得了，像是搭乘黃金馬車、穿上龍袍，拜見皇帝不脫鞋，以神禮祭祀父母，殺任何人都不必背負殺人罪等。

然而荀彧強烈反對曹操享受如此特權，曹操對於他的態度相當吃驚。出面反對曹操封王，與「背叛」曹操沒有兩樣。某天，曹操命人送給荀彧一個餐盒，裡面空無一物。荀彧明白曹操想要叫他自殺，於是喝下毒藥，結束了自己的生命。曹操太了解荀彧，他知道自己沒辦法改變荀彧的想法，只好採取最後手段，除去荀彧。最終，他自立魏王，將全天下的權力握在手中。

曹操一生都在與背叛爭鬥。他操縱背叛，藉此獲得最高的權力。他理解背叛、接納背叛、活用背叛，在忍無可忍的時候剷除叛徒，成為英雄。背叛並不是一個令人心情愉悅的單字，但如果不了解它，絕對掌握不了主導權。若能具備曹操「理解與操縱背叛的能力」，我們便能在掌握主導權這件事上，成功跨出偉大的第一步。

不足並非缺陷，而是可以補足的機會

武則天的主導權是「明白自己的不足，加以補足的能力」

「妾能制之，然須三物。
一鐵鞭，二鐵檛，三匕首。」

認為自己做得到的事，做起來特別容易。碰到這種情況下，就算是小孩也不會猶豫。問題在於我們自認「那件事對我來說很困難」或「我做不到那件事」之際。這個關鍵時刻做出的選擇，將主導我們自己的人生。說到底，掌握主導權如同一場奮戰，讓自己從「力有未逮」逐漸邁向「力有所逮」。這個議題也包含了人際關係。與熟人建立良好關係輕而易舉，但與生活背景和想法皆異的人建立良好關係談何容易。然而，如果你能讓這樣的人與自己站在同一陣線，便可藉由他們的能力，壯大自己的能力，提升自己的主導權。

武則天是個令人驚奇的人物，她在女性權力極度受限的古代成為史上第一位女皇帝。她從後宮妃嬪成為皇帝的過程，既是一連串血腥的宮廷內鬥，亦是充斥陰謀詭計的狗血劇。不過我們應該關注的是，她掌握主導權的態度與策略。簡而言之，就是要好好思考如何實現「自認做不到的事情」，想盡一切辦法來彌補不足。

彌補不足的方法和基石

武則天名為武曌，出生於唐代。由於父親早逝，她和母親過得貧困潦倒。天生貌美的她在十二歲時成為太宗的後宮，但她的生活並未從此順遂。太宗雖然喜愛她擅長舞蹈和歌唱，有一定的文學涵養，卻沒有把她當成女人寵愛。結果，她因為「王的後宮沒有子嗣就要成為尼姑」的王室鐵律，屈辱地被逐出皇宮。這件事讓她徹底領悟沒有主導權的人隨時都會遭受侮辱的現實。不過她在最開始的時候，便已展現掌握主導權的決心。

當她還身居後宮時，有個西域國進貢了一匹馬給皇帝。牠的脾氣異常火爆，無人能夠駕馭。於是太宗親自出面，詢問眾臣如何馴馬。當時武則天對他說，如果有三樣東西，她就可以試看看。太宗很感興趣，問她需要什麼，她的回答是：

> 「妾能制之，然須三物。一鐵鞭，二鐵檛，三匕首。鐵鞭擊之不服，則以檛檛其首，又不服，則以匕首斷其喉。」

她提出的強硬政策讓周遭的大臣吃驚不已，據說太宗還稱讚她的堅毅勇氣與氣概不亞於男人。

武則天的思維是「即便是我做不到的事，我也不會死心，說什麼都要找出辦法」。她不認為一個弱女子可以駕馭連壯漢都駕馭不了的馬匹，故以替代方案「鞭子、鐵杖、刀」彌補自己的不足，用它們當自己的墊腳石，讓自己朝向目標前進。

在那之後，她持續潛心「尋求方法與基石」。想要成為管理宮廷的最高實權者，必須洞悉宮中所有情報，光靠她自己根本做不到。這是因為，高級情報很難入手。為了打破僵局，她傾注心血拉攏宦官和宮女，藉由他們提供的高級情報，逐漸擴大自己的主導權。

登基後，她並沒有改變做法。她付出最多心力的，正是以破格的人事制度建立新勢力。依她推測，自己成為史無前例的女皇帝，宮中的反對勢力必然不可小覷。為了彌補這個弱點，她決定選拔新人的時候，不將學歷與家世列入考慮範圍。最後，她組成了一群願意效忠自己，又有能力的清廉親軍。

憑勢力克服劣勢

我們時常會陷入錯覺，以為「我的現在」將決定「我的未來」。但現在和未來之間存在許多變數，我們多的是時間與機會彌補自己的不足。重點是，我們不該抱持「做就對了」的態度，而該好好思考「該怎麼做才對」。

如果叫我選一位懂得掌握自身缺點、致力改進自己的現代管理者，我絕對會選亞馬遜創辦人傑夫·貝佐斯（Jeff Bezos）。他和武則天一樣，擁有暴君的特質。他的個性頑固，不容許任何錯誤，甚至有人稱他「阿法男」（Alpha Male[①]）。如果事情未如他想要的方向發展，他不但會暴跳如雷，還會挖苦沒有做好工作的員工「你為什麼浪費我寶貴的人生」。另外，他要求的工作量也大到讓人說他是「最差的CEO」。然而他比任何人都清楚自己需要什麼，該如何彌補自身的不足。

尤其是他為了克服新創時期的劣勢，即便承受虧損，也傾盡全力擴大市場、培養客群，甚至在經營網路書店初期，以原價的40%左右低價出售暢銷書，幾乎沒有利潤可言。這就是所謂的「快速擴張」（Get Big Fast）策略。因為在他的想法中，即使短期會虧損，只要先做出大餅，長期下來利潤仍然會增加。

---

① 譯註：居統治地位的雄性，喜愛支配他人的大男人主義者。

確保顧客忠誠度也是同樣的道理。亞馬遜草創階段，以根據顧客喜好的廣告郵件創造了可觀的營業額。但有一次，貝佐斯卻以過度廣告會降低顧客忠誠度為由，不顧眾人反對，從此放棄客製化廣告郵件的行銷方式。因為這件事，公司內部還擔憂起貝佐斯不知道會為了顧客做出什麼事。更甚者，他為了節省開銷，只讓員工餐廳提供免費咖啡和香蕉，對不雙面列印的員工擺臉色。辛苦克服草創時期的劣勢以後，他成功將公司的價值提升一千倍以上，躍升世界頂尖的電子商務公司。他的行事風格不禁讓人聯想到不計一切代價成為皇帝的武則天。

成就偉大勝利的黃蓋之痛

人生在世，難免犧牲。正如俗話所說，得到一個就會失去另一個，沒有犧牲和痛苦，很難達到我們想要的目標。透過自身痛苦達成目標的「苦肉計」，詳盡地對此做出說明。尤其是在我們一無所有、只有不足的情況下，這個方法更是不可或缺。

《三國志》中描寫到，身為聯軍統帥的周瑜曾因曹操的百萬大軍憂心如焚。因為從當下的狀況來看，他根本無法戰勝曹操的軍隊。後來，他決定欺騙曹操，但身經百戰的曹操不可能輕易上當。於是他演了一場戲，讓部下黃蓋假意獻計投降，惹他憤怒下令棒打老將。黃蓋當時被打了一百多大板，屁股開花，幾度差點暈厥，不過也成功騙過曹操，使聯軍最後大獲全勝。

當你有所不足，對自己的能力有所懷疑時，務必想想黃蓋之痛。為了彌補自己的不足，我們必須尋求對策，使它變成我們的助力，忍受它帶來的痛苦。唯有如此，才能為自己增進武則天的「明白自己的不足，加以補足的能力」，不斷進步。

新手大吵大鬧，
高手無聲取勝

賈詡的主導權是「在幕後操縱、動搖他人的能力」

「抱歉，
我剛才想起袁紹和劉表父子……」

挺身大聲疾呼，揮舞拳頭強烈號召，不一定能掌握主導權。如果表現得太積極，反而會搞砸一切，使周遭的人對你的偏激產生戒心。想要更確實、有力掌握主導權，我們需要的是「在幕後操縱、動搖他人的能力」。使用這個策略時，就算不挺身而出、大聲疾呼，也可以在神不知鬼不覺讓狀況朝著自己希望的方向發展。由此可見，後者的境界遠勝於前者的表面功夫。我們的確可以靠著自己的力量擺動手腳游泳，但如果把身體交給浩蕩的洪流，將能以更輕鬆的方式獲得前行的動力。

《三國志》書迷之中，不少人喜歡賈詡這個角色。許多歷史學家讚揚他是比諸葛孔明更出色的戰略家，為人處事高明。綜觀歷史，即便是實力卓越的參謀，也時常因為君主或競爭對手，落得慘死或被拋棄的下場。可是賈詡侍奉的君主多達五人，仍在七十七歲壽終正寢。他之所以可以做到這一點，正是因為他事前準備充分，不但將「大義名分」這個誰也抗拒不了的洪流當作動力，還避開了所有阻礙自己的絆腳石。

成為堅強動力的大義名分

賈詡出身平凡，原生家庭是一戶遠離中原的普通人家。他曾經當過官，卻因病請辭。雖然不是沒有本事，但運氣實在不好。成為董卓家臣之後，他總算開始發揮自身能力。長年的無名歲月似乎成了他內在實力的養分，他選擇實踐的智慧正是「大義名分」。在他看來，即時實際的利益固然重要，但大義名分才是掌握主導權的最佳武器。

首先來說說他擔任董卓家臣時的故事。董卓遇刺後，眾將打算解散軍隊逃跑，他卻出面說服他們攻打殺害董卓的同盟，最終成功奪回政權。賈詡那時候最先做的事情就是用「奉天子安天下」的大義名分昭告世人，以期平息可能出現的反撲與民怨。

接下來是賈詡服侍張繡時發生的事。那時候，張繡站在選擇與袁紹或曹操締結同盟的分岔路上，賈詡強烈建議他與曹操結盟。他的理由是「曹操侍奉天子，符合大義名分」。後來，張繡聽了他的話，與曹操結盟，獲得隆重的歡迎。賈詡總是在抉擇瞬間或危機時刻，盡力找出大義名分，義無反顧地遵循它。

在現實中，大義名分對於掌握主導權也有很大的助益。當我們說「我認為是這樣」或「我想這麼做」的時候，你的立場很有可能馬上遭到反駁。相反地，如果我們說「這樣做真的對嗎」或「難道不是每個人都想這麼做嗎」，它就成為一個難以否認的法則。原因在於，「正當性與普遍性」的大義名分比「我」個人的力量更強大。這麼做不僅可以減少爭執，也可以防止衝突升級。

不要投直球，投曲球吧

賈詡的另一個特點就是，他不會直接打擊別人，而是拋出有趣的話題，溫和刺激對方。他這麼做，能讓對方自行解決問題。他在曹操底下做事時，曹操曾經問他長子曹丕或二子曹植兩人當中，他應該選擇誰當自己的繼承人。然而他出神地望向天空，沒有立刻給予曹操回覆。曹操問他在想什麼，他才終於回答：

「抱歉，我剛才想起袁紹和劉表父子……」

曹操聞言大笑。袁紹和劉表都是因為沒讓長子當繼承人，結果內鬨垮台。

賈詡以拐彎緩慢的曲球，取代強勁快速的直球，讓人自行解決問題，這樣的方式令人聯想到幕後政治。無須出面，只在背後進行談判協商，便達成自己想要的目標。

在現實世界中，這種背後政治也讓「在幕後操縱、動搖他人的能力」得以實現。具體做法是主動接近和自己爭奪主導權的人，詢問對方問題出在哪裡，虛心討論解決之道。了解對方想要的是什麼、想守護的是什麼，從而給予暗示的話，既可以解決問題，又不會造成對立。換句話說，就是在不發生激烈衝突的情況下，以「無聲的吶喊」解決激烈的問題。

伊恩．萊斯里（Ian Leslie）是一名英國組織文化顧問，同時也是政治分析師，他指出激烈的意見衝突並不能解決問題，反倒會讓我們離目標愈來愈遠。相反的意見對我們的大腦來說，形同一種攻擊。此時如果拍攝大腦影像，你會發現大腦裡的狀況和身體受到威脅時沒有兩樣。因此，我們通常會盡力避免這樣的情況，而其中一種方法就是回敬對方猛烈的指責。之所以如此，是因為我們覺得這樣可以保護自己的邏輯，不被對方的反駁擊潰。

但是這種衝突不但不能解決問題，還會引發反感。因此遇到這樣的情況時，倒不如激發對方的好奇心，引導對方自行思考，才是明智之舉。賈詡沒有直接回覆曹操的提問，只說「我剛才想起袁紹和劉表父子」，明顯是在激發曹操的好奇心，引導他自行尋找解決問題的方法。

藉由和別人劇烈爭執，取得最後勝利的做法確實是一種勝利。不過我們在大吵大鬧的過程中，勢必會為了解決問題，投入更多資源，蒙受更多損失，留下難以痊癒的傷。相比之下，有堅強的大義名分作靠山，還有「在幕後操縱、動搖他人的能力」的話，就能更明智地取得勝利。

無限的可能
終將成就傳奇

馬斯克（Elon Musk）的主導權是「無限的可能」

「眾心成城，眾口鑠金。」

主導權的其中一個本質，可謂是「將集團力量轉化成個人力量的能力」。吸引別人的關注與支持，讓別人參與自己的目標，可以讓我們獲得更多前進的動力。可是，一時的關注與支持是不夠的。我們必須不斷拋出新話題，提高關注度，展現自己擁有「無限可能」的事實。唯有如此，才能凝聚更多強大的力量，累積更多成功的經驗，成為「活生生的傳奇」。

在這方面表現最出色的現代管理者，非伊隆．馬斯克莫屬。身為世界首富之一的他，時不時會說出違背常理、出人意表的言論，但不可否認的是，他在國際企業角逐戰當中，扮演著舉足輕重的角色。

從主導權的角度來看，我們應該關注的是他透過遠大的夢想，令大眾對他產生興趣與好奇的本領。藉此，他獲得了投資，也將優秀人才留在自己身邊。從另一個角度來看，也有可能單純是他「樂於受到矚目」。大眾的關注與好奇是一種集團的力量，有著相當的影響力，有時候也決定了一件事的成敗。由此可見，不斷製造爭議與話題的馬斯克顯然是一位值得學習的管理者。

首要之務是拉攏人心

春秋時代末年，周景王想要打造一只巨大的鐘，但這並不是一件容易的事。除了要花很多錢，也會讓辛苦勞動的百姓怨聲載道，因此大臣州鳩相當反對他這麼做。儘管如此，周景王仍然打造了大鐘，阿諛奉承的弄臣也紛紛向他拍馬屁，說鐘聲和諧悅耳。王再度詢問當初提出反對的州鳩有什麼想法，他卻回答我不知道。王詢問他理由，他毫不猶豫地如此回答：

「上作器，民備樂之，則為和。今財亡民罷，莫不怨恨，臣不知其和也。且民所曹好，鮮其不濟也。其所曹惡，鮮其不廢也。故諺曰：『眾心成城，眾口鑠金。②」

王聽完州鳩的回答，肯定心情不會太好，但又難以否認。州鳩的這番話正是四字成語眾心成城的由來，意思是「多數人的心意可以打造城牆」。成敗取決於群體的心意，這是掌握、維持主導權的重要教訓。因為贏得多少人的支持，讓多少人關注自己，將決定主導權的質與量。

然而，如果想將這種集團的力量轉化成自己的力量，必定要拿出超越常理的奇妙方法和宏大的夢想。

南北朝時期，宋國有個名為宗慤的將軍。當他攻打林邑國，也就是現今的越南時，林邑國的國王派出大象作先鋒，致使宋軍節節敗退。宗慤屢戰屢敗，於是想出一個妙計，讓士兵變裝成獅子，在大象面前跳舞，果然嚇得大象落荒而逃。士兵們對他的妙計讚嘆不已，對他盡忠竭誠。

宗慤自幼武藝高超，又有遠大志向，令身邊的人感到十分吃驚。十四歲時，他孤身擊退了十名歹徒，他的叔父對此相當驕傲。某次，叔父問他長大想做什麼，宗慤當時如此回答：

「願乘長風，破萬里浪。」

若說宗慤具備現代廣告文案撰寫人（copywriter ）的能力也不為過。因為他沒說「我想要當將軍」，也沒說「我想做高官」，僅以「乘長風破萬里浪」一句話，便向大家表明了自己的遠大志向，令人佩服。

---

② 譯註：白話意思（作者原文）為「王若是打造了一個所有百姓都喜歡的樂器，便可稱它和諧。可如今這個樂器勞民傷財，恐怕所有百姓都對王有怨。或許是因為這樣，我實在不知道它的聲音是否和諧。更何況，百姓喜歡的事情幾乎沒有不成功的，百姓討厭的事幾乎沒有不失敗的。有道是，多數人的心意可以發揮巨大的力量，多數人的話語強大到幾乎把鐵熔化」。

比金錢更重要的「意志」

馬斯克很懂得如何利用與眾不同、改變遊戲規則的夢想，令大眾出乎意料，再凝聚人心，將它們轉化成自己的力量。電動車公司特斯拉的宗旨是，讓人類不再仰賴依靠多時的石油能源，而鑽洞公司藉由打通地下隧道，開發了超高速的運輸系統。除此之外，他還打算透過Neuralink 公司創造大腦與電腦連結的新紀元。

馬斯克想做的事業，無論是哪一種，都會改變現有的遊戲規則。簡而言之，他追求的不是提供嘔心瀝血打造的優良產品或真心誠意的最佳服務，而是能夠飛天遁地、進入人類大腦的新維度。

在這個過程中，他甚至展現了其顛覆常識與資訊，引起大眾關注的能力。Space X的成立目標是「了解宇宙的本質」。在管理領域裡，常用的單字有「願景」、「價值」、「幸福」等，「了解本質」既獨特又陌生，反而令人感興趣。另外，鑽孔公司的英文名是「Boring」，也就是無聊的意思。他竟然將公司命名為「無聊的公司」……

更誇張的是，他也幫自己的兒子取了奇怪的名字，那就是「X Æ A-12」。難以理解閱讀，但馬斯克說發音是「X Ash A 12」。姑且不論名字的意涵，光是一家公司老闆兒子的名字，一出生就在媒體版面曝光，引起廣泛討論，便已史無前例。每當他做出特立獨行的舉動時，都會讓人感興趣，對他留下深刻印象，認為他是一個充滿創意、勇氣的了不起人物。

不過，馬斯克做這些事不光是為了吸引無謂的公眾關注。因為他表現出來的怪人形象，反而讓人感受到他對人類未來的真誠。他曾在採訪中說過這些話：

「我死的時候應該不會很富有。就算為了建設火星基地，耗費我大部分的財產，我也不訝異。」

「我希望未來變得更好……我想做一些能使生活進步，新鮮又有趣的事情。」

「我賣掉PayPal的收益是一億八千萬美金。我在Space X投資了一億美金，在特斯拉投資了七千萬美金，在太陽城公司（SolarCity）投資了一千萬美金，所以我得借錢繳房租。」

「如果人類沒有在我有生之年登陸火星，我一定會很失望。」

「如果有人因為我不開心，我希望他們知道一件事。我重新創造了電動車，如今還讓人類搭上火箭登陸火星，這樣的我會是冷靜又正常的人嗎？」

他的話是否真心並不重要，重要的是他可以讓無數人感嘆不已，引發人們的興趣。

光靠別人的關注確實無法讓我們成長、掌握強大的主導權，但無人關注的人幾乎不曾成為中心人物。假如能像馬斯克一樣，不斷展現「無限的可能」，吸引別人的目光，就會激發自己想要變好的意志，創造自我發展的契機。

後其身而身先，
外其身而身存

黃仁勳的主導權是「管理偉大」

「天地所以能長且久者，
以其不自生。」

掌握主導權並非讓別人失去力量，使自己擁有更多權力。說得更準確一點，掌握主導權代表的是別人信任你，願意將事情委任於你。換言之，你不能把自己放在第一位，而須保留空間，先照顧、支援、幫助身邊的人，才有機會掌握主導權。

餐廳的服務（Serving）可謂是最簡單易懂的範例。餐廳職員點餐並非自己想吃，而是客人想吃。他們的存在不是為了解決自己的不便，而是為了解決客人的不便。因此，服務算是摒棄自己的欲望，以別人為主的行為。

人工智慧時代最受矚目的管理者，當屬AI半導體設計公司輝達的創辦人黃仁勳。他與Apple、Google一起創下市值總額最高紀錄，就算稱他「留白與服務的皇帝」也不為過。他的能力從學生時代便開始顯露，並隨著他創業逐漸發展成他的領導風格。

然而，我們不能單純以「對別人好，好讓他們為我工作」的角度去理解「留白與服務」。相較於此，確保一個人擁有最大的忠誠度，藉此管理偉大更為貼切。

圓滿與完美的根本是留白

唐朝時期，圍棋高手王積薪提出「可以下好圍棋的十項祕訣」，名為圍棋十訣。圍棋與危機同音雙關。這十項祕訣當中，有一項探討的就是留白，即第四項「棄子爭先」。這句話的意思是，拋棄對自己有幫助的棋子，優先控制大局最重要。這件事看起來不難，實踐起來卻不容易。

棄子爭先提到的「棄子」，是相當可怕的一件事，因為你必須拋棄子嗣。從這句話可知，先發制人有多重要，甚至要拋棄子嗣，可謂艱難無比。不過，摒棄與留白可以保障生存，使自己成為最強的能者。

老子的《道德經》第七章傳授的正是留白的智慧。一九八〇年代香港幫派電影《天長地久》的名字也與之相關。

「天長地久。天地所以能長且久者，以其不自生，故能長生。是以聖人後其身而身先，外其身而身存。非以其無私邪，故能成其私。③」

後期身而身先，無私邪故能成其私，這兩段話顯然都和棄子爭先講述的順序一致。老子在第十一章舉了更具體的例

③ 譯註：白話意思（作者原文）為「天長地久。天和地之所以永恆不變，是因為它們不努力求生，所以能永生。聖人退一步而前進，忘記自己得以存在。他不自私，也不狡猾，所以能得利益」。

子進行說明。

「三十輻共一轂，當其無，有車之用。埏埴以為器，當其無，有器之用。鑿戶牖以為室，當其無，有室之用。故有之以為利，無之以為用。④」

到頭來，「實有」因「虛無」完滿，圓滿與完美的根本是留白。

管理偉大的意義

有時候，經典名著提到的智慧聽來煞有介事、頭頭是道，套用在現實生活中卻顯得迂腐陳舊。但是在人工智慧時代，這位為公司創造四千兆韓元以上市值的頂尖管理者，運用了同樣的智慧，再次證明經典名著無堅不摧。

首先來看看黃仁勳的年紀。明星般的人氣、標誌性的皮衣讓他看起來格外年輕，但他今年（二〇二四年）其實已經六十一歲了。更重要的是，他從事的是最尖端的人工智慧領域，即第四次產業革命的最前線——科技領域。在這種情況下，叫他「元老CEO」也不算誇張。況且，他三十年前時創業就是CEO，現在依然還是CEO。過去從來沒有人可以管理一家科技公司這麼多年，還一直引領世界技術潮流，令人不禁聯想到天長地久所說的「永恆長生的天與地」。

黃仁勳的成功祕訣不勝枚舉，但最有效的就是把焦點放在員工身上，不把自己放在第一位。他本人也說這是「最重要的一件事」。他接受採訪時曾說：

> 「我總是說時間充裕，事實也是如此。如果我規劃好事情的優先順序，就有時間做我認為最重要的事，專心幫助我的員工成長與發展。」

> 「我每天早上都以同樣的方式度過。我以最重要的工作展開一天。在我上班以前，我的一天已經很成

④ 譯註：白話意思（作者原文）為「三十個車輪輻共用一個車輪轂，車輪轂中間空無，車子才有用途。以泥作碗，碗裡空無一物，碗才有用途。在家鑿開門窗，讓房間變得空虛，房間才有用途。實有讓物體有益，虛無讓物體有用」。

功了。因為我已經做完最重要的工作，可以花一整天的時間去幫助別人。」

幫助別人有什麼了不起？整天幫助別人，什麼時候幫助自己呢？

黃仁勳的目標

黃仁勳從小便表現出不折不扣的服務精神，甚至在學生時代受到種族歧視時，仍會幫助欺負自己的同學。他的宿舍室友坐過牢，每天隨身攜帶刀械，令人感到恐懼，黃仁勳也經常受其折磨，乃至於獨自打掃廁所三年。

直到黃仁勳開始幫助他之後，局面有了轉變。對數學很在行的黃仁勳，主動教了那位欺負自己的同學數學，兩人的關係從此逆轉。「弱小的霸凌被害者vs.暴力加害者」，變成了「教授數學的同學兼老師vs.向同學學習數學的乖巧學生」。在關係的發展中，還有比這更戲劇化的嗎？

黃仁勳的服務理念也完全體現在輝達的企業文化上。在一家公司裡，通常都是老闆找員工開會，輝達卻正好相反，員工隨時都可以找老闆開會。因此，黃仁勳老是被員工呼叫，整天到處奔波。黃仁勳一整天都在「幫助員工」，他在公司裡走來走去，與員工交談、開玩笑，像個朋友一樣詢問他們碰到怎樣的難關。黃仁勳說過，他這麼做是在「管理偉大」。

「我可以管理員工，讓他們取得更好的成果，卻不能管理偉大。走向偉大的道路必須靠自己去摸索，我只能用心去引導他們。」

一家矽谷創投基金相關人士訪問輝達總公司後，在自家網站發布了一篇文章，標題是「黃仁勳為何成為世界第一的CEO」，文中提到以下內容：

「照顧公司員工是他的首要任務之一。而他的團隊以高品質的工作成果，以及對公司和產品的高忠誠度來回報他。」

總歸來說，黃仁勳幫助與他共事的員工是為了建立忠誠度，掌握更穩固的主導權。讓員工偉大，便是讓輝達和他自己偉大。服務原本是在幫助別人，但最後自己也得到了收穫。

這個方法無論是職場或家庭皆適用。何不為別人解決問題、減少負擔，幫助他們持續成長？假如你有這樣的老公或老婆，或是這樣的主管或下屬，你會怎麼做呢？你應該會想要好好報答對方，即便沒有特別說出口，也對他死心塌地吧。

黃仁勳的目標正是培養員工的忠誠，讓他們的偉大回到自己身上。表面上看起來似乎是他為了員工東奔西走，但其實最終的成果都屬於他。

試著和他一樣，掌握「管理偉大的能力」吧。如此一來，你才能掌握更深層、更有影響力的主導權。

你會為了追潮流，放棄自己的風格嗎？

以自己的標準建築壁壘，與世界保持距離

PART 2

我們不太可能忽視世界潮流，也很難不在意別人的生活樣貌，但要是因此破壞自己的風格，就會成為問題。有些人太過沒有主見，別人說什麼就跟著說什麼。他們只知道隨波逐流，根本沒有透徹理解其中意義。這種人的特徵就是搖擺不定。當潮流改變時，他們就立刻跟著改變；當別人湧向某個地方時，他們也會馬上跟進。每天手忙腳亂，過著下雪淋雪、下雨淋雨的苦日子。

在現代時尚界留下深刻影響的可可．香奈兒（Gabrielle Chanel）曾說過：

「我就是時尚。」

每個人天生具備不容他人冒犯的獨特風格。關心世界潮流與別人生活樣貌的同時，依然要有自己的風格。主動思考，慢慢累積、充實自己的主觀與哲學吧。不要和別人做比較，強迫自己改變。自發性的改變，方可掌握充實人生的主導權。

一旦被「我眼中的自己」限制住，就看不到「別人眼中的自己」了

我們必須遠離MBTI[5]的原因

「以自己的繩子束縛自己，
將自己困住。」

假如不用自己的力量充實自己，其他的東西就會填滿我們，帶來問題。來自外界的東西不會經過冷靜驗證，也不會逐漸累積。由於填滿速度太快，狀態不免混亂脆弱，隨時有可能崩潰。即使是小小的難關，也有可能精神失控；稍微辛

⑤ 譯註：Myers-Briggs Type Indicator，中文名為麥布二氏心理類型量表。此量表將人類的性格分成四大指標，共十六種類型。近年在韓國綜藝節目頻繁出現，蔚為話題。

苦一點，就會控制不了脾氣；一遇到障礙就杯弓蛇影，準備放棄。自身的哲學與想法如同我們的武器，沒有武器的人往往缺乏自信、自尊低落。

這樣的人有個特徵，他們看待自己的時候，都是採用別人的觀點，沒有自己的標準，代表性的例子就是MBTI。將自己放在外界定義的簡單框架之下，有時會成為懶惰和自我放任的甜蜜藉口。明明必須果斷挑戰某件事，卻說那不是我的個性；在需要積極合作、共同努力的情況下，因顧及自己的性格傾向而提前放棄。走到這種地步，MBTI就不再是幫助自我的正向工具，反而是危害生活、背叛自我的工具。它不僅阻礙追求成長的挑戰，也奪走了重新認識自己的樂趣，導致我們作繭自縛，將自己困住。

鶴與風雨帶來的混亂

韓非是冷靜沉著的政治思想家，他在著作《韓非子》提到了無數治國之術，其中也涵蓋了許多適用於日常的內容。

晉平公設宴慶祝新宮殿落成，鄰國的魏靈公也受到了邀請。他們一行人走到河川附近，決定休息片刻之際，遠處傳來獨特迷人的琴聲。魏靈公吩咐手下去找聲音的主人，卻無功而返，他只好先命人記住音律。後來，他在晉朝的宴席上喝得酩酊大醉，又想起了來時路上的琴聲。他詢問晉平公能否彈琴，晉平公欣然同意。正當他演奏到一半時，一位官員忽然出面警告：

「此亡國之聲也，不可演奏。」

晉平公不予理會，叫樂師繼續演奏。但曲子快結束時，出現了二十八隻鶴伴樂共舞。過了不久，狂風暴雨席捲而來，吹飛了宮殿的屋瓦，現場一片狼藉。參加宴席的人紛紛逃竄，慶典在混亂中告終。

在這個故事登場的成語即是「亡國之音」。當時的琴聲為何引來鶴與風雨，自是不得而知。重點是我們可以從這件事學到一個重要的教訓，那就是「不屬於我，來自外界的東西進入時，會毀掉原有的一切，弄得亂七八糟」。俗諺中的喧賓奪主、劣幣驅逐良幣（Bad money drives out good）與宮外的鶴與風雨闖進宮殿、毀掉慶典有著同工之妙，可說是現代版的亡國之音。

「心目中的自己」絕不是全部

小說家金英夏擔任某電視台綜藝節目嘉賓時，有人問他MBTI是什麼，他回答對方那是祕密，拒絕公開。他的理由是，我心目中的自己不相信MBTI。據他所言，「意料之外的另一個自己」也有很大的價值。

我們以為自己只有一個身分，事實卻並非如此。定義我們的方法數不勝數，還會隨著時間推移而改變，甚至有「父母心目中的我」、「好友眼中的我」。除此之外，「十年前的我」和「今天的我」也是完全不同的人。儘管全部的樣貌都是由「我」決定，MBTI卻會讓我們產生錯覺，認為「現在我心目中的自己」是絕對的真理。它是一種了解自己的工具，同時也是囚禁自己的監牢。尤其是它如果真的讓我們將變化的可能性、成長的機會拒之門外，一心想著「反正我就是小心謹慎的ISFP（MBTI人格類型中的「探險家」）」，便成了妨礙我們成長的關鍵絆腳石。

不僅如此，它也會讓我們錯失機會，未能看見別人眼中那個出乎我們意料的自己。別人提起他們對我的印象時，偶爾會讓我很吃驚，因為我從來不覺得自己是那個樣子。雖然那可能是我片面的形象，卻不是毫無價值。當我遇見這樣的自己時，我說不定可以尋找新優點，研究看看當中的差異。不過，名為MBTI的監牢不僅阻斷了所有可能，還引發了惡性循環。一旦我們將自己定義成「小心謹慎的人」，就會不經意地活得戰戰兢兢。這種現象被稱作「自證預言」（Self Fulfilling Prophecy）。

關於認同的「自我宣言」

美國科羅拉多州立大學腦科學家兼心理學家托・瓦格（Tor Wager）教授以科學的方式驗證了這種狀態。假使人們預期某種經驗是痛苦的，就會觸發神經疼痛反應，使疼痛感上升。舉例來說，平時認為「和情人分手的話，我會很痛苦」的人實際分手的時候，感受到的痛苦會勝過沒有這種想法的人。由此可見，內心想法和身體的連結遠比我們想像中強大。據此，整天想著「我是一個小心謹慎的人」的話，一舉一動難免變得小心謹慎。

一九五〇年代，《窈窕淑女》（*My Fair Lady*）在美國被改編成音樂劇，後來又拍成電影，它是一部非常有趣的作品，內容說的就是自我定義與認同。一位語言學家和他的朋友在街上遇見出身貧民區的賣花女伊萊莎（Eliza Doolittle），他們將她帶回家，為她上課，使她成為一個社交名媛。他先改掉她的粗俗鄉音，接著教她表情和腳步。伊萊莎起初認為這樣的教育有如折磨，但隨著她慢慢對自己改觀，她終於成為一個貴族男性都想要娶進門的女人。伊萊莎在劇中有句台詞：

「如果你只把我看作賣花的女子，我就只能是賣花的女子。如果你把我看作一個有教養的淑女，我就會成為一個有教養的淑女。」

這句話也可以套用在我們身上。如果你只把自己看作MBTI定義的那個人，你就只能是那樣的人。如果你逃出那個監牢，換個角度看待自己，你就會成為截然不同的人。

別用單一標準評斷自己，被它牽著鼻子走，使自己成為奴隸。畢竟至今尚未見過的「無數的我」，正迫切等待著「今天的我」。

不可為了配合世界的節奏，連自己的重心也放棄

「和」而不「同」的原因

「今程試文字，千人一律，
考官亦厭之。」

拿自己和別人比較的原因大致有兩種，一是認為自己不該和別人差太多，二是希望自己走在別人前面。基於健康的心態，想要走在別人前面的念頭不是件壞事；但出於自卑才想要變得和別人一樣的話，到頭來只會後悔莫及，因欲望得不到滿足而空虛。

渴望接近社會標準的心態其實魅力無窮，因為不落人後的滿足感、不被社會孤立的狀態、還過得去的安定感於我們

是一種支持。只不過，全然配合世界的節奏，終將讓我們失去自己的重心。平衡一旦遭到破壞，便很難再找到重心。這樣一來，我們將失去主導人生的力量，被迫持續依賴外界。

事實上，歷史上也存在過同樣的問題，所以古人早有解答。若要歸納重點的話，就是「『和』而不『同』」。可以點頭表示理解，卻不可盲目認同。務必發揮聰明才智，審慎考慮利弊，選擇適合自己的東西，果斷拋棄不適合自己的一切。換句話說，我們必須抓好重心，才不會失去自己。

關係竟如此微妙

《春秋左氏傳》撰於西元前五世紀左右，內容主要是在解讀孔子編撰的歷史書籍《春秋》，當中也寫出了「和」和「同」的差異。

晏嬰是春秋時代的齊國名相，亦是三朝元老。其德高望重，連王都不敢隨便對待他。在他輔佐齊景公時期，朝中有個名叫梁丘據的大臣，能力不錯，頭腦也不差，卻負責掌管娛樂活動，還令景公踏入墮落之途，愈來愈偏離正軌。因此，景公喜歡梁丘據，但晏嬰不以為然。某次，景公難得見到梁丘據，說了一句「他與我和」，晏嬰這麼回答他：

> 「那不是和，而是同。君說是，梁丘據便稱是；君說不是，梁丘據便稱不是。這與把水倒入水中，抑或彈奏一把毫不和諧、音律始終如一的琴並無二致。」

「和」的意思是承認、尊重彼此的差異，「同」卻是完全苟同，毫無差異。君主說對就跟著說對的大臣，只能算得上和君主同心，不能視為美麗的和諧。

司馬光和范鎮更加明確地展現出兩者的差異。他們兩人是北宋時期的儒學家和政治家，也是終生的朋友與同僚。他們一起當官、享受榮耀，有著極佳的交情。司馬光甚至稱范鎮是「不同姓的兄弟」，足見兩人的關係有多密切。

不過，他們因為一件事吵了一輩子，那就是樂律。他們為此爭論不休，長達三十年以上無法達成共識。情如手足理當能讓他們對於理論放下分歧或大致達成共識，他們卻不曾這麼做。歸根究柢，就是因為他們和而不同。

范仲淹和韓琦也是北宋時期的傑出政治家，兩人的關係同樣很親近。他們能力出眾，備受眾人尊敬，卻老是在朝廷上為小事爭執，針鋒相對，彷彿有私人恩怨一般。不過兩人退朝之後，從未怒目相向，依然視對方為好友。他們雖然不「同」，卻「和」。

如同「把水倒入水中」

無論有意或無意，我們都會一直接觸到世人的標準，習慣性地表現配合。留意世人的標準、引以為鑑固然沒錯，但切忌陷入完全一致，如同「把水倒入水中」的狀態，否則將喪失自己的主見，淪為任由別人使喚的機器人。假使太過輕易受到外界影響，盲目追求所有潮流，你將在不知不覺中精疲力竭。

我們的重心之所以嚴重不穩，可說是因為「欠缺思考」。不思考、沒有主見，盲目跟從別人很輕鬆自在，致使人愈來愈不願意思考。

二〇一四年，美國哈佛大學和維吉尼亞大學的研究團隊透過各種實驗，發現人們討厭思考是毫無理由的，無關年紀、教育水準、薪資所得、喜不喜歡使用智慧型手機。研究團隊提供受試者特定的主題，讓他們有時間獨自坐在房間思考，可是他們不但不願意思考，還做出違反規定的行動或選擇承受皮肉之苦。美國科羅拉多州立大學的潔西卡・漢那（Jessica Hanna）博士甚至這麼說，在枯燥乏味的課堂上，學生打自己並不是罕見的一件事[⑥]。

身處資訊發達的智慧型手機與網路時代，人們懶得用自己的頭腦思考，只想輕鬆按照別人制定的標準過日子，就算想要活出不一樣的人生，也說不出自己的理由，結果只能說服自己「別人都是這樣」、「這是現今的趨勢」。這是完全配合世界節奏，徹底失去自身重心的狀態，也就是「同」。可悲的是，這種生活態度只會讓我們在遙遠的未來回顧自己的一生時，感受到滿滿的遺憾。

千篇一律的愚蠢

澳洲護士布朗妮・維爾（Bronnie Ware）的工作是照顧癌症末期患者，她與無數患者交談過，並將他們告訴她的畢生遺憾整理成一本書。她最常聽到的一句話就是：「要是我有勇氣活出自己想要的人生，不按照別人的期待過活就好了。」這就是毫無想法、只知盲從的人留下的遺憾。未能按照自己的想法生活，只能用悲慘來形容。

「千篇一律」指的是沒有不同、相差無幾的事物，出自於宋朝文豪蘇軾某次監考時所說的話。

「今程試文字，千人一律，考官亦厭之。」

他的「厭」是在批評那些毫無主見，沒有獨自見解，傻傻盲從他人的考生。我們確實不能對別人的人生說什麼，但

⑥ 原註：伊恩・桑普爾（Ian Sample），「人們寧可被電擊，也不願意坐下來思考」，《NewsPeppermint》／《衛報》，2014.7.7

至少該對毫不猶豫遵循世界標準的自己表現厭惡，以後才不會對人生感到遺憾。

不要為了成為特別的人，淪為奇怪的人

過度的優越感是另一種隱藏的自卑感

「意見乃害心之蟊賊。」

堅守自己的風格和主見是絕對必要的，卻不代表我們要完全與世界脫離。犯下這種錯誤的人往往是過度沉溺在自己世界的人，他們不僅經常惡毒抨擊、激烈反駁同一世代的人，自尊心也太強，老是炫耀自己微不足道的優點，誇大別人微乎其微的缺點。這不是保護自己，而是偏頗的自我沉迷。但問題是，這樣的人很有可能直接被團體排除在外。

「太特別的人」遲早淪為「奇怪的人」。每個人的心中都有優越感，認為自己在平均之上是很正常的現象。因為在心理分析中，自我優越感也是人類的基本心理，所以才會有許多民族認為自己是「優越的民族」，很多國家認為自己是「特別的國家」。這種心態要是發展得太嚴重，就會害得自己的民族被仇視、鎮壓，或者讓自己的國家令人厭惡。這樣一來，無論是互相合作、分享主導權，抑或共同創造成果，都會變得極其困難。結論是，擁有優越感固然是好事，但過度的優越感只會對自己帶來傷害。

天才禰衡遭到殺害的原因

經典名著當中有許多傑出人才，他們的智慧與洞察力皆令人瞠目結舌，可是如果要我選出一個代表人物，我絕對會說是後漢末期的禰衡。因為他實在太過聰明，二十四歲就被評為「足以擔任帝王謀士之人」。可惜的是，他的才能最終招致殺身之禍，他的俠義心腸和正義感更是讓他成為「太奇怪的人」。

禰衡無所不能，連擊鼓的實力也相當出眾，這件事傳到了曹操耳裡。某天，曹操命禰衡到他面前擊鼓，卻發現他的衣服有點破舊骯髒。禰衡平時已經非常不滿曹操的政策，一聽到曹操的指責，立刻提出反擊。他一邊問自己衣服髒，難道會妨礙別人聽鼓樂，一邊脫光自己的衣服，兩人就此吵起來。曹操訓斥他無禮，禰衡卻說欺騙君主才是無禮，他不過是因為衣服髒，只好原封不動地展現出他從母親腹中出生時的乾淨模樣。

曹操聞言回他「原來你假裝自己很乾淨」，禰衡卻隨即反駁：

> 「原來你不知道自己的混濁啊。賢愚不分，是眼睛混濁；不聽忠言，是耳朵混濁；固執己見，難道是身體也混濁了嗎？甚至無禮對待我這樣的天才，行為可謂小人。」

曹操很想當場殺死禰衡，但因為顧及身邊的人都說他是「天才」，無法如願。他後來雖然將他納入麾下，卻一直按捺不住心中的怒火，於是將禰衡送給荊州的劉表。劉表知道禰衡的性格以後，又將他送給江夏的黃祖。禰衡到了黃祖的地盤，依然不改毒舌，終於招來殺身之禍。

明明沒有內涵，還表現出一副很厲害的樣子

禰衡對曹操的批判或許沒錯，可是他毫不在意世人眼光的正義感和俠義心腸，導致他變成一個自以為是的「傲慢自大的人」。縱然他的能力出眾，也沒人願意留他在身邊，還落得年紀輕輕就被殺掉的下場。他的例子告訴我們，「太自大的人」必將發生悲劇。每個人都有自己的個性和過人的一面，但如果表現得太招搖，免不了遭人排擠。

有的人和禰衡一樣仗著自己的才華而自以為是，也有的人明明什麼都沒有，還表現出自己很厲害的樣子。比方說，擁有金銀財寶、認識名人就覺得自己很厲害的人。他們表面上像是群體或組織的中心人物，實則軟弱又毫無內涵，無法主導任何事情。

孔子曾奉魯定公為君，協助他處理國政。彼時魯國政局迅速趨向穩定，逐漸有好轉的跡象，定公卻貪戀女色，荒廢

國政，最後連孔子都不見。孔子因此辭去官職，前往魏國，不再管魯國之事。魏王的夫人南子久仰孔子大名，派人約孔子見面。

南子名義上是魏王的夫人，但其實手握掌管國政的實權。孔子聽說她素行不良，所以不願見她。某天，魏王和夫人南子出宮遊玩時，恰好在路上遇見孔子，就強迫他坐上王的馬車，擺出一副她帶孔子外出的得意模樣。驚慌的孔子相當惱怒，最終也離開了魏國。

招搖過市的說法便由此而生。如同字面上的意思，就是「招搖地路過市場」。南子想要沾孔子的光。她沒有實力自體發光，所以利用孔子為自己增光。她做的這一切，都是因為她太過渴望讓自己看起來高人一等。

傲慢與偏見

天底下沒有人希望自己不優越、不特別，但過度的追求或炫耀，只會得不償失。

明朝末年洪應明（字自誠）撰寫的《菜根譚》當中，包含了以下內容：

「利慾未盡害心，意見乃害心之蟊賊；聲色未必障道，聰明乃障道之藩屏。⑦」

洪應明不覺得在心中追求利慾是壞事，在他看來，過度追求表現才是問題。

從某種意義上來說，張揚自己的優越其實是因為察覺到自己的匱乏，才利用這樣一個防衛機制，讓自己免受隱藏的羞恥心、說不出口的自卑感，以及自己都不願意承認的自我形象所苦。

英國作家珍・奧斯丁（Jane Austen）在《傲慢與偏見》中寫道：

「傲慢讓別人無法愛我，偏見讓我無法愛別人。」

禰衡如此，南子亦然。自以為是的傲慢與獨善其身將使別人遠離自己，過分追求優越感的心態只會妨礙自己與別人和諧共處。

以強權令人屈服，或是以魅力贏得人心？

我們需要同時使用水火的能力

「寬以濟猛，猛以濟寬。」

我們有必要調節自己與世界之間的距離，以及自己與別人之間的力量。如果過度強硬地掌握主導權，反而得不到自己想要的東西。強權習於將自己的決定強加於人，故無法穩定長久。但要是反過來，一味按照別人想要的去做，也很難成為主導者，畢竟看起來太好欺負，其他人將會各自為政，

⑦ 譯註：白話意思（作者原文）為「利慾並不會扼殺心性，自以為是的獨善其身才是殘害心靈的盜賊；聲色並不會妨礙道德修養，自作聰明才是修養道德的障礙」。

不肯聽從你的指示。

想要避免上述問題，勢必要有適當調節力量的能力。換個說法就是，你必須偶爾剛強嚴苛，偶爾柔和寬容。

這樣的雙重面貌也是形成「人格魅力」的要素之一，即大家常說的「反差魅力」。假如有人外表強勢，內心卻出乎意料單純；抑或看似自私，只想到自己，卻時常有意無意地照顧別人，各位怎麼看呢？這種人不僅有魅力，還因為深不可測而顯得更迷人。想要掌握人際關係中的主導權，理當讓對方主動配合，不應強迫對方順從。成為一個有魅力的人，無疑是掌握主導權最好的方法。

子產公孫僑的遺言

《春秋左氏傳》中有個故事提到了如何在嚴格與寬容之間取得平衡。

春秋時期，鄭國有位宰相名為公孫僑。他從政能力出眾，不僅推翻貴族的權力，還改革各種制度，為國家奠定了根基。隨著年紀漸長，他生了一場病，於是他叫來繼承人太叔，對他說：

「夫火烈，民望而畏之，故鮮死焉。水懦弱，民狎而玩之，則多死焉。故寬難。⑧」

幾個月後，公孫僑離開人世，政權交到了太叔手中。太叔不忍對人民太嚴苛，持續奉行寬政，結果盜賊愈來愈多，甚至頻繁發生殺人案件。太叔對於自己只從寬政感到後悔，派遣軍隊嚴懲盜賊和殺人犯，犯罪隨之減少，他從此改行嚴政。

孔子如此評論這件事：

「善哉！政寬則民慢，慢則糾之以猛。猛則民殘，殘則施之以寬。寬以濟猛；猛以濟寬，政是以和。⑨」

---

⑧ 譯註：白話意思（作者原文）為「大火熾熱，百姓看了就怕，但他們不會為此而死。反之，流水柔弱，人們容易親近鬆懈，時常因此身亡。寬政雖然能說服人民，卻難以讓人民順服」。

⑨ 譯註：白話意思（作者原文）為「很好！政策寬厚，將使百姓輕佻怠慢。若要糾正百姓的輕佻，便要執行嚴政。政策嚴格，將使百姓受到傷害。若要減少百姓的傷害，便要寬容待之。以寬容調節嚴格，以嚴格調節寬容，政治才會和諧」。

這個故事正是寬猛相濟的出處。寬猛相濟即寬容與嚴格互補，類似的說法還有剛柔並濟，意為剛強與柔和相互配合。兩者都與靈活性有關。重點不在於寬大與柔和或嚴格與剛強，而是我們如何靈活運用它們。

要強就要柔

論議兵法的《三略》也提出了這樣的建議：

「該柔和的時候就柔和，該堅定的時候就堅定，該示弱的時候就示弱，該強勢的時候就強勢。將帥必須同時擁有剛柔強弱，懂得視情況行動。」

常言「柔能克剛」，不過這句話強調的是我們必須放低姿態或懂得靈活變通，而非弱化自己。

美國芝加哥大學的史蒂文．卡普蘭（Steven Kaplan）教授以三百位CEO作為研究對象，結果顯示這些老闆需要具備各種能力，尤其要懂得寬猛相濟，才能提升公司表現。

然而嚴政和寬政的實行順序也很重要，因為這和大眾的心理息息相關。

《菜根譚》仔細說明了兩者順序如何改變大眾的心理。

「恩宜自淡而濃，先濃後淡者，人忘其惠；威宜自嚴而寬，先寬後嚴者，人怨其酷。[10]」

不同性質的東西共存時帶來的魅力

有趣的是，剛柔並濟的人可能會特別吸引人。

我們為什麼會喜歡帥氣的男生和漂亮的女生呢？儘管我們都知道不能用外表判斷一個人，還是會因為對方的外表感受到其魅力。不過，這其實不是人類的壞習慣，而是具有科

⑩ 譯註：白話意思（作者原文）為「施恩必須從輕到重，假如從重到輕，人們很容易遺忘恩典。威逼必須從嚴到寬，假如從寬到嚴，人們會抱怨嚴酷」。

學根據的結果。帥氣、漂亮的臉蛋賦予人們情緒價值，讓人覺得受益匪淺，心情舒暢愉悅，也滿足了美感需求，人們當然會忍不住被帶來這些好處的人吸引。

剛柔兼備的人同樣也對別人有益。如果我和一個剛強的人在一起，便能藉他的剛強得到好處，但他缺乏柔和特質，所以我得不到其他好處。可要是我和一個剛柔兼備的人在一起，便能得到兩種好處，簡單來說就是買一送一，這種人當然更吸引人。

我們時常認為魅力既模糊又抽象，但它的科學基礎不過是人類本能。有魅力的人相較於受到他人吸引，更容易吸引別人，影響力更大，自然可以掌握主導權。

試想你手上現在擁有兩種武器：剛強與柔和，抑或嚴格與寬容。以魅力取代強權，適當調節力量，按照順序運用它們的話，你將贏得人心，不再受人左右。

動搖的並非旗幟，
而是你的心

在反應與應對之間，存在成長與幸福的選項

「口中含著蜜，
腹中藏著可怕的劍。」

有句話說，人生看的不是速度，而是方向。這句話的意思是，與其急著前進，不如設定準確的目標，孜孜不倦地前進。以此類推，我們也可以說：

「人生看的不是刺激，而是反應。」

人生中發生的事是無法避免的。重要的是，我們對這些事的反應將成為改變人生方向的關鍵因素。

維克多．法蘭克（Viktor Emil Frankl）是一位心理學

家、神經學家，同時也是納粹大屠殺的倖存者，他曾說：「刺激與反應之間存在一個空間。在那個空間裡，我們有能力做出選擇。」也有人曾說：「刺激只佔了人生的百分之十，剩下的百分之九十取決於反應。」這些話對我而言就像真理，它們讓我相信，如果未來有不好的事情發生在我身上，我有辦法好好控制狀況。

不過，我想我們有必要先區分出「反應」和「應對」的差別。「反應」很直接，又以情緒為基礎，很容易對主導權產生負向影響。相對地，經過縝密規劃的「應對」不但可以避免情緒衝突，還可以守住自己的主導權，更容易創造出好結果。

牛和馬面對洪水的不同反應

四字成語「牛生馬死」充分反映出在同樣的情況下，不同的反應將帶來不同的結果。陸地上的牛動作非常緩慢，幾乎不奔跑，難以推估牠們的移動時速。反之，馬能以時速六十至七十公里左右的速度奔跑，古人說千里馬日行千里絕非誇大其辭。以前的千里是現在的四百公里，一天跑個六、七小時就能做到。就算偶爾休息，想要達成日行千里也不是難事。

如果不是在陸地上，而是在水中呢？當洪水襲來，馬被水淹沒時，四肢仍會快速擺動，一如在陸地上奔跑的時候。掙扎一段時間之後，很快就累死了。而牛被淹沒時，連跑都不跑，任由自己漂流，直到碰到淺灘才慢慢走上岸，於是存活下來。

這樣的反應落差也時常發生在人類社會當中。同樣是身處困境，有些人會哀嘆出身不如人，責怪命運殘酷，最後迷失自我，和馬一樣失去力氣，無法抓住東山再起的機會；而有些人默默地繼續過日子，沒有特別做什麼，後來自然而然就脫離了困境。根據情況做出的不同反應不僅能控制過程，也能改變結果。

假如在此基礎更進一步，不光是做反應，還結合理性能力進行完整的「應對」，就能掌握主導權，縝密地創造出更理想的結果。而完整的應對是不立即做反應、進行策略性觀察、採取相應對策。

李林甫的優秀策略

人類如果遭受周遭的突擊，就會進入一種名為「反應模式」（Reactive mode）的狀態，要不是快速回擊對方，就是迅速躲避以脫離危險。換句話說，想要理性、冷靜應對並不容易。可是，如果我們讓自己一直處於這樣的反應模式，人與人之間的衝突便會達到巔峰，導致一切都出問題，還會讓我們的主導權在過程中消失殆盡。

史書《魏略》是魏國的歷史紀錄，其中一卷收集了殘酷官吏的故事，名為〈苛吏傳〉。裡面有個人物叫王思，年紀輕輕就靠著出眾的能力平步青雲。奇怪的是，他的脾氣隨著年紀漸長，愈來愈暴躁乖戾。

某天，當他在寫書法時，有隻蒼蠅停在他的筆尖上。他揮手趕走牠，但牠又飛了回來。幾次之後，他忽然氣得把毛筆摔在地上，用腳踩壞毛筆。他身邊的人看到這一幕，無不感到荒謬。無論他身居多高的官位，他身邊的人也只是在表面上對他忠誠，難以發自內心尊敬他。可見他在面對外部刺激時，只做得出神經質和情緒化反應的表現，讓他徹底失去了掌管部下的主導權。

為了讓「反應」進展到「應對」，首先要做的就是停止情緒波動。即使對方對我發火、鬧脾氣，或者做一些難以理解的事情刺激自己，也要盡可能克制自己的情緒，採取雙面策略。臉上掛著笑容，內心卻握著利刃。最適合形容這種狀態的就是「口蜜腹劍」，白話來說就是「口中含著蜜，腹中藏著可怕的劍」。雖然這是欺騙他人的糟糕策略，但從不直接表露情緒、設法達成目標的角度來看，依然是值得推薦的一個方法。尤其是面帶微笑，絕對是讓對方安心、為自己爭取時間的最佳選擇。

動搖的只有我的心

最擅長運用這個策略的人正是唐代的李林甫。只要有必要，他隨時都會除掉異己，他使用的方法正是口蜜腹劍。一開始，他會在皇帝面前誠懇地大力推薦某個人，見到對方時也總是面帶笑容，讓對方安心。接下來，他會開始背叛對方，策劃各種陰謀去剷除他。但皇帝絕對不會料到這是李林甫的陰謀，對方也不會有任何防備。

我們必須將這個策略活用在好的方面，停止情緒反應，做出有效應對，以利得到自己想要的結果。

有個故事可以幫助我們學習調節情緒。

日本江戶時代，巨商本間宗久透過稻米交易，獲得足以左右國家經濟的影響力。他剛開始做生意的時候，經歷無數失敗，賠光了所有的錢，因此躲進深山。當時他遇見了一個住持和尚，他指著在牆外飄揚的旗幟，然後問道：「你覺得那面旗幟為什麼會飄動？」本間認為這個問題毫無意義，隨口說是因為風，住持和尚卻回他：

「那面旗幟之所以飄動，是因為你的心動搖。」

本間從這句話中獲得深刻的啟發。他回顧自己過去做的交易，發覺失敗的原因根本無關交易，是自己太過心急、貪心，抑或過度小心所致。動搖的不是交易，而是他的心。後來，他調節了自己的情緒，終於成為「投資之神」。

我們得用同樣的態度讓自己維持口甜如蜜、表情平和。若要解決彼此之間的問題，必須掌握對方這麼做的理由、訴求的是什麼，應該做出何種改變。感情用事只會引發口水戰，不能解決任何問題。我們有必要自討苦吃，弄得彼此都很累嗎？不要被情緒左右，保持理性應對吧。如果這麼做的話，我們就能掌握解決問題的主導權，讓事情朝著自己想要的方向前進了。

別對人際關係
期望太高，保持禮儀
才是明智之舉

想當好人卻淪為濫好人的原因

PART 3

許多事情的發展都和我們的預期天差地遠，人際關係更是如此。有的時候，我們對別人好只是出於善意，卻莫名被利用或無視。也有的時候，我們是為了得到好處，刻意接近別人，結果反而成了冤大頭。即便如此，我們也不可能斷絕所有的人際關係。

重要的是，問題的關鍵終究在我們自己身上，而非別人。在沒有主導權的狀態下，無條件對別人好，結果反倒被利用；在毫無管控能力的情況下，咬住誘餌上當受騙，就是我們的問題所在。尤其我們常對別人有太高的期望或被利欲薰心，自己挖陷阱給自己跳。此外，一時被稱讚迷惑，未能發覺背後用心的情況亦時有所見。

子曰：「凡人心險於山川，難於知天。」

為了看透凶險、難以捉摸的人心，拉攏別人和自己站在同一陣線，我們得先懂得隱藏、掩蓋、不被迷惑，謹慎小心地摸清一切的原理。

不咬餌的話，
如何理解魚上鉤的心情

恰當守禮，保持對自己的關心

「守株待兔。」

「降低對人的期待，就不會如此失望。」

這句話任誰聽了都會認同，也是人際關係當中相當有益的教訓。不過，我們應該更深入了解這個「期待」才對。我們不能抱持期待的原因，不僅僅是為了減少失望，避免自己因期待對他人過度依賴，才是真正的重點。如果真的演變到那步田地，我們就和貪圖魚餌，結果被魚鉤纏住的魚沒有兩樣了。上鉤的魚，等同是將自己在水中自由游動的寧靜生活和主導權完全交給了垂釣者。如果當初抵擋得了誘餌的誘惑，就不會永遠失去自由，一時沖昏頭的後果著實令人惋惜。

明知道不該對別人抱持無謂的期待，卻一再重蹈覆轍，是因為我們可以從中獲得刺激的體驗。心中的想法成真、自身不足被完全填補的刺激體驗，儼然是獲得幸福的要素，也是我們想要不斷體驗它的原因。然而，對別人不抱任何期待也不完全是好事。當我們減少對別人的期待時，自然也會減少關心，若因此引發對方的不滿，也減少對我們的關心，雙方的關係可能會走到終點。有鑑於此，我們必須擬定既能減少期待，又不會破壞關係的雙重策略。

充滿期待，卻徒勞無功

《韓非子》中有個故事，講述了一個愚昧的農夫如何咬住名為「期待」的誘餌，葬送自己珍貴的收成。

春秋時期，宋國有個農夫，大家都說他誠實勤奮。有一天，草叢裡忽然竄出一隻兔子，牠拚命向前跑，卻撞到田中央的樹樁一命嗚呼，農夫因此獲得意外收穫。他將兔子帶回家，和家人享用了美味的大餐，也得到了一個體悟。

「兔子自己就會死掉，我還每天努力工作，真傻啊！」

自那天起，農夫不再耕作，每天站在樹樁前等兔子送死。他的田地從此雜草叢生，不再有收成。附近的人看到這副景象，都笑他愚蠢。成語「守株待兔」就是出自這個故事，意思是「守在樹樁前，等待兔子出現」。

這個農夫變笨的原因很簡單，他認為難得一次的意外收穫會持續發生。各位千萬記得，對別人的期待或許是「夾雜希望的期待」，也說不定是「誘餌」。它可能會誘惑你的心，導致你狼狽不堪。

另一則有關期待的故事是朝三暮四，它展現了期待的另一種特質。

宋朝有個養猴子的老人，由於家境變得困窘，決定減少猴子的橡實配給數量，改成早上三個、晚上四個，卻遭受猴群強烈反對。老人在無奈之下，改口早上四個、晚上三個，猴群開心不已。儘管總數都是七個，猴群更滿意早上多拿一個。

期待其實是差不多的道理。如果我對某人有所期待，也得到了滿足，那就沒問題了嗎？答案是否。期待與滿足感是互相的，如果有人滿足我的期待，我也要滿足對方的期待。正如老人給的橡實總數明明都是七個，猴子的反對根本徒勞無功，他還是得滿足猴群的期待一樣。

放下期待的方法

期待相當誘人，想愈多愈放不下。有句話是這麼說的，長考出惡手。下圍棋或象棋的時候，深思熟慮後下的棋反而會引導你走向失敗。原因在於，過度執著細節，將使自己看不見大局。

期待亦然。這裡的期待包含了我們從別人身上獲得的利益。如果我們不願放棄從別人身上獲得的利益，就會執著於瑣碎的小事，無法放下期待。因此，我們需要一個簡單的極端做法，直接省略思考過程，也就是佛教說的放下著。按照字面來解釋，就是「放下或拋下執著」。沒有複雜的過程，只要放手就行了。期待所帶來的結果是，一想到自己可以獲得的利益，思緒便變得複雜，難以割捨。對此，性徹大師建議我們直接放下執著，一如我們不小心抓住熱鍋時，會一邊喊燙一邊鬆開手。

儘管不對別人抱持期待，能讓我們不再因誘餌陷入困境，卻有個莫大的缺點。那就是對別人的期待值過低，會讓對方認為你不再對他有興趣，關係變得疏遠。男女談戀愛時，對另一半的期待會變得很高，所以經常對彼此失望或頻繁爭吵。既然如此，「毫無期待的戀愛」是否有可能呢？我想，肯定有人問這樣何必談戀愛吧。

其他的人際關係也大同小異。有期待，才會時常聯絡、互相關心，縮短彼此的距離。一段沒有期待的冷漠關係，終究會隨著時間流逝，變得愈來愈疏遠。

禮儀並非道德，而是技巧和訣竅

為此，我們需要善用禮儀。禮儀通常被當成生活中必須遵守的道德準則，但它其實更接近暢通關係的技巧和訣竅。相較道德範疇，它更偏向智慧的範疇。先打電話給對方的禮儀，是維持關係的明智之舉；噓寒問暖、對先前發生的事表示關心的禮儀，同樣是提醒對方「不要忘記我」的明智之舉。我們偶爾會說「我只是出於禮貌才這麼做」，強調自己沒有特別費心。然而，對你來說或許只是「禮貌」，別人卻有可能真心相待。

事實上，禮儀的作用形同「假貨幣」。儘管是假的，貨幣依舊是貨幣。就算是出於「禮貌」這麼做，對方也有可能當真。除非自己說出實情，否則沒有人知道是真是假。縱然是出於「禮貌」，我們也善用了「禮儀」，故能扮演好自己的角色。只不過，禮貌性的行為也要適可而止。像古人就認為過度的禮儀是「不合禮儀的禮儀」，也就是「非禮」。

現在，讓我們放下期待，不再抱著期待生活吧。這樣一來，就不會咬住誘餌，失去自己的主導權了。想要維持一段關係，維持恰當的禮儀就夠了。

如果忽視內心的抗拒，你將會成為被人欺負也活該的人

為了成為不會被無視的弱勢

「此蟲知進而不知退，
不量力而輕敵。」

有什麼事情比別人隨便對待自己更令人不快嗎？忍受別人不問你的意見就擅自做決定，把你當成下屬使喚，不給予相應的補償，是非常困難的事情。問題是，選擇忍氣吞聲的人並非少數。尤其是自認社會地位處於弱勢的人，通常會認為忍讓是應該的，更甚者還會有「反正怎樣都會輸」的想法，連抗爭都沒有勇氣。可是在這個世界上，並不是所有的弱勢都會被無視。比起處於弱勢的社會地位，害怕地提前

放棄，表現出一副好欺負的樣子，才是被人無視的關鍵。此外，軟弱形象也會讓想要利用自己的人，持續試圖左右你的行動。

為了克服這個問題，我們必須「鼓起勇氣打一場注定會輸的仗」。有些人或許會認為，既然注定會輸，不就只會帶給自己挫敗感和傷害嗎？況且，別人如果看到我敗北的樣子，應該會更無視我吧？然而，「打一場注定會輸的仗」帶來的效果遠比我們想像中強大。我們不僅可以從失敗的過程中看見自己的嶄新面貌，也可以讓別人知道我們不會輕易被打敗，令對方膽戰心驚。

螳螂和老虎的共同點

東洋經典名著《韓詩外傳》深受朝鮮時代文人的喜愛，其中有個故事提到了齊莊公和螳螂。莊公某天乘車出門打獵，卻在路上碰到一隻螳螂舉起前足，擺出一副想要攻擊車輪的架式。莊公問馬伕那是什麼蟲，馬夫說是螳螂，牠只知進不知退，不估量自己的力量，就輕率撲向敵人。莊公聽完馬伕的話，說了這麼一句話：

「以為人，必為天下勇士矣。」

這是成語螳臂擋車的典故，它具有兩個意義。一個是螳螂愚蠢的魯莽，一個是螳螂不顧生死的勇敢。無論魯莽或勇敢，都體現了螳螂的「反抗精神」。莊公不在乎螳螂能否戰勝車輪，把重點放在牠的反抗精神，並給予高度評價，才會說牠如果是人，肯定會成為天下第一勇士。

《孟子》中有個名為馮婦的男人，他徒手殺過無數老虎，如今金盆洗手，改當積德行善之人。某天，他準備下田的時候，看見村民們正在追趕一隻老虎。後來，老虎開始背對山脊咆哮，村民們見狀不敢靠近，朝著牠大喊大叫，老虎站在原地兇惡地盯著他們。馮婦看到這個情況，便為村民們徒手抓虎。負隅頑抗，即背對山頑強抵抗，便是出自這個故事。

螳螂和老虎的力量有著天壤之別，但牠們都選擇與人對峙，表現出自己的反抗。螳螂大可飛到旁邊，遠離車輪；老虎大可繞過山脊，直接逃走，但牠們選擇堅持到底，「鼓起勇氣打注定會輸的仗」。因此，人類對螳螂留下「勇敢」的印象，也忘不了老虎在山脊堅持到最後的氣概。

為何要打注定會輸的仗

抗爭是為了勝利，不過資源和力量不足的弱勢並不容易取勝。注定會輸，我們仍要打這場仗的原因就在於，想要發現新自我。百戰百勝的人往往會陷入一種邏輯謬誤，那就是「倖存者偏差」（Survivorship bias），只考慮成功經驗而產生的分析錯誤。

第二次世界大戰時，美國當局為了找出更有效的戰略，對美德空戰中倖存的轟炸機進行了分析，結果發現最常中彈的地方是機身，最少中彈的地方則是引擎。軍隊指揮部因此提出機身最常中彈，應該要加強機身，對戰鬥較有利的想法，但另一位參與研究的數學家沃德・亞伯拉罕（Abraham

Wald）提出截然不同的主張，他認為應該要加強引擎。

他的理由是，當時的研究分析僅限於「倖存的轟炸機」，完全排除了墜毀在現場的轟炸機。陷阱就在於此。若要得到客觀結果，必須同時分析倖存的轟炸機和墜毀的轟炸機，軍隊指揮部卻將墜毀的轟炸機忘得一乾二淨，僅針對倖存的轟炸機進行研究，鑄下大錯。就算是以常理來看，轟炸機想要存活得更久，對敵人造成更多的傷害，必然要加強引擎，機身之所以時常中彈，不過是因為面積比較大而已。

這類的邏輯謬誤也會發生在我們的生活中。我們如果只打會贏的仗，雖然可以藉對手的弱點來得知自己的優勢，卻看不見自己的弱點會讓對手得到怎樣的優勢，以至於連自己的弱點是什麼都不知道，自然也不知道如何補強。要是在這種情況下，輸給無可避免的對手，就會留下不可挽回的致命傷。

倘若別人明顯不把你放在眼裡的時候，無論對方強弱，都該進行反抗。如果能夠取勝，那再好不過；如果未能取勝，收穫也夠多了。要知道，這件事本身就是讓自己變得更強的捷徑。

有價值與意義的戰鬥

注定會輸，仍要打這場仗的另一個原因是，藉此讓別人知道自己不會輕易任人支配。每次感到害怕就放棄，老是缺乏主見的話，想要利用你的人就不會把你放在眼裡，隨時都會搶走你的主導權。這種事情發生一兩次，便會陷入惡性循環。第一次沒什麼大問題，第二次好像也很容易，從此成為常態。只要展現出不退縮的樣子，即使你打的都是注定會輸的仗，別人也會知道「這人不好欺負」，不敢隨便對待你。

清代編撰的散文集《古文觀止》提到了「堅忍不拔」，意思是「堅持忍耐，不讓意志動搖」。成功的人不僅要有本事，還要堅忍不拔。

如果強烈反抗的話，就算敗北了，意志也不會動搖，還能留下戰鬥的「意義」，以及十戰九敗的一勝「價值」。但如果停止反抗，留下來的只有毫無價值和意義的失敗。

隱藏你對別人的批判，直到東窗事發之前

露骨的情緒會讓自己遭人排擠

「凡人心險於山川，
難於知天。」

從某個層面來說，人可說是「判斷事物的主體」。無時無刻都在判斷身邊的事物或發生在自己身上的事情，決定、維護自己的立場，同時產生好惡情緒。而當我們面對身邊的人時，這些判斷和情緒會更頻繁、更強烈。不過，我們實在太自然地展現它們。情緒具有自我爆發的力量，不免會在無意中釋放。喜歡就不自覺地笑出來，不喜歡就不自覺地皺眉頭，連細微的手勢都變得輕柔或用力。

但問題是，暴露情緒可能動搖別人的心，驅使別人做出有害我們的行為。表現得太喜歡或太討厭對方時，我們的主導權就會慢慢減弱，身邊的人也會試圖排擠或利用我們。如此一來，我們展現出來的情緒就會形成不利自己的環境。

坦白說，判斷一個人是非常困難的，要完全了解別人也幾乎是不可能。因此，我們根本沒有必要在這麼困難的一件事情上，輕易做出判斷或草率過度反應。

劉備有，但曹操沒有的東西

《三國志》的前半段，諸葛亮向劉備提出「天下三分之計」，此戰略對劉備日後逐鹿中原發揮了很大的影響力。劉備當時只是一個邊陲小城的主人，「將天下一分為三，佔據其一，好好鞏固它」的建議無疑是個膽大心雄的戰略。如果這麼做的話，天下勢力將成為一對一對一，只要其中一方和另一方聯手，馬上就會形成二對一的局面，因此誰都不敢貿然行動。

實踐此戰略的過程中，張松扮演了重要角色。他比任何人都了解益州——天下三分之計要塞——的情況，如果有人想攻下益州，他可以提供明智可靠的戰略計策。

張松與劉備見面之前，先與曹操見了面。然而，曹操對張松相當怠慢。張松面容醜陋，頭尖鼻塌，牙齒外露，十分不討喜。曹操和張松爭辯時，嫌他長得醜，對他說了很多不好聽的話。比如罵他出言不遜、行事無禮，甚至貶損他是粗魯之人。簡而言之，曹操肆無忌憚地展現出他對一個人的判斷和情緒。結果，張松沒有告訴曹操佔領益州的祕訣，就直接去找劉備。

劉備和曹操完全不同。張松聽說劉備身邊雖然很多貴人，但領導能力不足，能否成為未來的領袖仍是未知數。可他見到劉備的時候，對他的表現感嘆不已。劉備不僅為張松端出美食和酒，準備了豐盛的宴席，還稱自己德行不夠，沒有資格，也擔當不起更多土地。最後，張松決定將佔領益州的祕訣告訴劉備。

曹操和劉備的差異看似是「對待張松的方式」，其實是「是否暴露自身對別人的判斷與情緒」。針對張松外貌的判斷，曹操和劉備應該相差無幾。不過曹操展現出自己的判斷，並侮辱了對方，劉備則隱藏了自己的判斷，熱情招待對方。

正面情緒都成問題了……

除了負面情緒以外，過度示好也會造成類似的結果，因為這等同於提供藉口給想要利用我們的人。如果有個不錯的人對我們示好，我們通常也會喜歡對方，但心存惡意的人卻會思考如何利用對方，更甚者還會對這種正面情緒產生反感。

日本MZ世代當中，出現了一種名為「蛙化」[11]的現象。原本單戀的對象如果向自己表白，反而會讓感情快速冷卻。就像青蛙一樣，和對方有著相反的心態。這種現象不僅僅是因為「個性奇怪」，還有明確的精神科學根據。由於害怕兩人的關係變質，導致感情迅速降溫，甚至有人會質疑對方為什麼喜歡自己這種微不足道的人，對他感到失望。

過度展現正面情緒都成問題了，遑論是暴露負面情緒。說到底，我們的情緒不斷創造出「與曹操見面的張松」。假如不斷持續同樣的過程，我們就會遭人排擠，大幅失去自己的地位和主導權。

依心理學的說法，人類大致以兩種標準判斷別人。一種是「能力」，也就是夠不夠聰明博學，一種則是人格層面的「溫暖」。無論能力再出眾，不夠溫暖的人就會成為「壞人」[12]。以結論來看，我們只要隱藏對別人的負面情緒，便能獲得「好人」的評價。

判斷的其中一個詞源是「審判」

進一步探討的話，英語的判斷取自於希臘語的「krino」。這個單字包含了「批判、定罪、審判」的意思。換句話說，判斷本身多少有些否定的意味。或許是因為這樣，我們聽到別人說出對自己的判斷時，總感覺別人是在批判、審判自己，忍不住心情變差，有的人還會怒斥別人憑什麼判斷自己。

---

⑪ 原註：李瑟菲（音譯），〈星星心理〉「單戀的人說我也喜歡你，我們就不再喜歡對方的原因」〈星星心理〉，《健康朝鮮》，2023.10.26

⑫ 原註：朴真英（音譯），〈朴真英的社會心理學〉「攻擊對方意圖的原因」，《東亞Science》，2018.3.24

《明心寶鑑》寫道：

「畫虎畫皮難畫骨，知人知面不知心。對面與語，心隔千山。海枯終見底，人死不知心。⑬」

切忌隨便說自己懂人心，人心至死都難以捉摸。

不要被眼前的讚美迷惑，留意背後的閒言閒語

與別人相處採取守勢，與自己相處採取攻勢

「遇沉沉不語之士，
且莫輸心。」

人與人之間的相遇和關係可謂是「兩個人生的衝突」。兩個人相遇，迸發出火花，可能會讓人生變得更有趣，但也有可能不慎變成熊熊烈火，將彼此燒成灰燼。通過時間考驗的人建立更主動的關係也無所謂，否則就該採取守勢。採取

⑬ 譯註：白話意思（作者原文）為「畫虎時，畫外表容易，畫內在卻很難。看人時，雖然看得到外表，卻看不見內在。面對面說話時，心隔了千山之遠。海水乾枯就能看見陸地，但人就算死也看不見內心」。

守勢的關係和被動的關係有些不一樣。被動的關係是由對方主導，我們勉強順從。採取守勢的關係則是「保護自己，只做我願意做的事」。這麼做是為了防止「人生衝突」的過程中，不小心被對方攻擊。一開始，彼此都只向對方展現理性、禮貌、符合常識的面貌，但是隨著時光流逝，先前隱藏的無意識將慢慢顯露，在對方過去的傷痛施加傷害。

撞到時速三十公里的車與撞到時速一百五十公里的車差別甚大。採取守勢的關係不僅能大幅減少這種毫無顧忌的衝突對彼此造成傷害的機率，還能提供緩衝時間，讓我們及時躲過衝突。不過處於採取守勢的關係時，務必拉長「與自己相處的時間」。這是因為，用自己的存在填補人際關係的空白，可以讓我們擁有更明智的人生態度。

回頭看看你收到的關心與幫助吧

明朝文人陳繼儒撰寫的《小窗幽記》是非常獨特的經典書籍，卻鮮為人知。朝鮮時期最優秀的文人許筠，向來過著革新、自由的生活，他最感興趣的人就是陳繼儒，經常在自己的著作中引用他的文章。

陳繼儒自詡博學多聞，寫了數百本書。他在二十八歲就拒絕官職，全心追求自由的生活。他將採取守勢的關係中蘊含的幾個智慧寫進《小窗幽記》，這個「透過小窗凝視世界的故事」裡面。

首先，陳繼儒建議大家採取「稍微跳脫」一般常識的態度來維持關係。

「使人有面前之譽，不若使人無背後之毀；使人有乍交之歡，不若使人無久處之厭。⑭」

來自別人的讚美總是令人心情愉悅。這種讚美不僅能夠鞏固彼此的關係，也能加速關係的進展。然而，陳繼儒有不同的看法。他認為一段關係不需要讚美，只要不被罵就夠了。此外，相較於瘋狂稱讚對方讓友誼急速加溫，倒不如在

⑭ 譯註：白話意思（作者原文）為「與其讓別人在我面前稱讚我，不如讓別人不在我背後毀謗我；與其讓人在初識時喜歡自己，不如讓人過再久也不討厭自己」。

兩不相厭的狀態下，建立長期的友誼更有意義。

恩惠，即我們從別人身上得到的關心與幫助。陳繼儒針對這件事的立場也差不多。

「市恩不如報德之為厚。⑮」

給予別人關心與幫助，可以讓雙方的關係得到快速的進展。因為討人歡心，顧名思義就是讓別人心情歡愉。但陳繼儒在這方面，同樣採取了守勢。在他的看法中，與其獲得加強人際關係的動力，不如回頭看看誰成就了今天的自己。這樣的態度同時適用於勸戒或教導別人的時候。

「攻人之惡毋太嚴，要思其堪受；教人以善莫過高，當原其可從。⑯」

說得更白話一點，就是盡量不要越界。嚴苛或清高不是重點，「剛好可以接受的程度」和「充分能點頭稱是的程度」才是目標。

對於謹慎的建議

採取守勢的關係在「謹慎行事」的建議中達到巔峰。

「遇沉沉不語之士，且莫輸心；見悻悻自好之徒，應須防口。⑰」

「倚才高而玩世，背後須防射影之蟲；飾厚貌以欺人，面前恐有照膽之鏡。⑱」

依陳繼儒之見，不管遇到什麼人，抑或自己多有本領，都要謹言慎行。經營一段關係，切忌不顧一切高速前行，必

---

⑮ 譯註：白話意思（作者原文）為「回報別人的恩惠，比為了討歡心而給予別人恩惠更有德」。

⑯ 譯註：白話意思（作者原文）為「批評別人錯誤的時候，不要太嚴厲，想想對方能不能接受吧。好聲教導別人的時候，不要太清高，必須讓對方聽得懂才行」。

⑰ 譯註：白話意思（作者原文）為「碰到安靜內斂、一聲不吭的人，絕對不要透漏心事；遇見個性急躁、自以為是的人，必須小心說話才行」。

⑱ 譯註：白話意思（作者原文）為「仗著才華藐視世事的人，須防別人在背後神不知鬼不覺地危害自己；裝作忠厚老實欺瞞別人的人，應該害怕面前的人一眼看透自己」。

須時時如履薄冰。

採取守勢的關係以「驗證」為終點。陳繼儒針對這點，提出以下看法：

「澹泊之守，須從穠豔場中試來；鎮定之操，還向紛紜境上勘過。⑲」

判斷一個人的時候，我們眼前所見不等於一切，所以要另外驗證才行。

對於想當好人卻淪為濫好人的人來說，陳繼儒在人際關係中採取守勢的智慧，無疑是完美的建議。人之所以淪為濫好人，通常不是被別人抓住弱點，就是被讚美迷惑，或輕易交出自己的主導權，敞開心扉說出自己的一切。在這個基礎上，連驗證都不驗證，就盲目與對方來往，肯定會淪為濫好人。目前為止的所有建議，可以看作是為莫名其妙淪為濫好人的人專門準備的保護措施。

與自己進行的攻勢對話

不過，這樣的人際關係恐怕有個缺點。減少與他人的交流，多少會讓自己的內心變得貧乏。與某個人的對話，不但可以讓我們獲得信心、安慰，也可以從中感受到溫暖。有些時候，別人口中說出的堅定話語甚至會打動我們，但是採取守勢的關係難保不會讓這些來自別人的正面影響消失。幸好，我們有辦法解決、改善這些問題。

美國伊利諾大學（University of Illinois）針對與自己的對話會帶來怎樣的影響進行了研究。研究指出，與自己聊有關運動的話題時，如果鼓勵自己「時常運動吧」、「你可以做得更好」，能夠顯著提升運動計畫的實踐成效。

英國諾丁漢特倫特大學（Nottingham Trent University）也發表過，假如和自己討論目前我正在做什麼、應該怎麼做等問題，可以讓失敗率減少百分之八十左右。就結果來看，與自己的對話在各方面都會對我們的內在和身體能力產生影響。

---

⑲ 譯註：白話意思（作者原文）為「淡泊清靜的操守必須通過富貴誘惑的試煉；沉著冷靜的節操必須接受複雜環境的考驗」。

不僅如此，這麼做也能幫助我們克服社會痛苦。羅馬皇帝馬可·奧理略（Marcus Aurelius）活在一個非常艱困的時代。周遭那些異族統治的國家對他的邊境虎視眈眈，貴族與士兵有氣無力地盯著他看。他疲憊不堪，又不能向別人傾訴。不過他每天晚上都會與自己對話，《沉思錄》便是因此而生。這本書裡寫滿了生活不確定性帶給他的痛苦、孤獨與寂寞，也提到了他的失落與疲憊，但他藉由與自己的對話克服了一切，贏得「為國家獻身的明君」、「最高潔的皇帝」等美譽。

從某些方面來看，與自己建立深厚的關係，反而可以拓展自我，在成功道路放上更大的墊腳石。與別人的關係就是與自己的關係的延伸。對自己採取攻勢，對別人採取守勢，便可建立更明智的關係。

正如同江河流向大海，人心永遠向著利益

最重要的就是「搶先」提議

「王者以民為天，
民以食為天。」

動搖人心的方法有好幾種，最實際的方法不是給予恐懼，就是給予利益。簡而言之，就是給鞭子或蘿蔔，這兩種方法都很有效。在兩者之中，給予利益更穩定長久。想要掌握主導權，沒有比讓別人認為我是「有利的人」更好的方法了，但我們時常在現實中遺忘這個簡單的原理。

利益永遠供不應求，所以我們考慮別人的利益時，偶爾

也會擔心自己為此吃虧。可是，以「不是你拿，就是我拿」的單純態度看待利益是行不通的。如此一來，大家就會為了利益你爭我奪，互相衝突，最終陷入混亂的爭鬥。

要是反過來，用大家站在相同「據點」的角度來看待利益，結果就會截然不同。從那一刻起，我們便無須再爭奪利益，只要把它當成維持互信互助關係的交換籌碼就行了。

關於利益，還有一個重點，那就是要在別人開口之前搶先提議。一般人協商的時候，都會抱持「先看對方怎麼做，再決定我的態度」的想法，因為他們相信這麼做可以在協商中取得優勢，但其實這種做法反而會造成自己的損失。

不給予利益和幸福，就無法掌握主導權

《楚漢志》當中提到劉邦和項羽對戰時的故事。戰爭的時候，情勢不一定每次都對自己有利，所以時常要決定該守住哪裡、該放棄哪裡。有一次，劉邦被擁有相對優勢的項羽大軍包圍。

劉邦當時認為放棄先前佔領的成皋城比較好，使得謀士

酈食其焦急萬分。因為他很清楚，包含成皋城在內的敖倉一帶，將是日後與項羽爭鋒的重要據點。於是，他走到劉邦面前，對他說：

「知天命的人能成就帝王之業，不知天命的人難以成大業。王雖然把百姓當成天，但百姓把糧食當成天。敖倉一帶存有天下糧食，也是運輸糧食的區域，務必要守住才行。」

酈食其此番話的重點是，如果不守護城中百姓的食糧利益，百姓就會背棄劉邦，導致劉邦無法成大業。劉邦聞言改變原本的策略，命令將士堅守敖倉。

這個故事就是民以食為天的由來，意思是「百姓視糧食如天重要」。韓國的世宗大王也說過相同的話：

「國以民為本，民以食為天。農事者，食之本，王者政治所當先。[20]」

---

⑳ 譯註：白話意思（作者原文）為「國家以人民為本，人民以糧食為天。農事是糧食之本，君主從政應視其為首要之務」。

同理，我們和別人的關係當中，最重要的不會是自己的利益，而是對方的利益和幸福。唯有這麼做，別人才會像百姓順從王一樣順從我，將主導權交到我手中。

利益是混亂的起源

這個做法同樣適用於企業管理。管理一家公司，必須讓利益最大化。全食超市（Whole Foods Markets）是美國高級超市的代名詞，它創造的成長堪比奇蹟，不僅實現百分之百年成長率，更曾創下年營業額二十兆韓元的紀錄。如此驚人的成長幅度趨使亞馬遜公司於二〇一七年收購了它。這家公司的非凡成長，源自於他們體認到「顧客的利益」有多重要。

一九七八年，二十三歲的創辦人約翰．麥基（John Mackey）向家人與朋友借了一筆錢，開了一家小小的食材用品店。但不久之後，一場洪水席捲當地，摧毀了他的賣場。那時候，常客們紛紛出手相助，鼓勵他重新開業。

麥基深受感動，將店鋪的目標設定為「帶給顧客幸福」，致力追求顧客的利益和幸福，不以自己的利益為優先。他的做法讓顧客們發現雖然都是花錢買東西，但在這裡得到的利益多於其他地方。後來，全食超市大獲成功。致力追求顧客的利益，終究會為自己帶來豐厚的回報。

不同的利益分配方式，也會造成結果的顯著差異。如果一心只想為自己謀利，完全不顧別人的利益，將會帶來不小的副作用。從某個角度來看，這世界的混亂全始於利益。

孟子曾拜見梁惠王，當時王問他，你千里迢迢來這裡，莫不是要提出有利我國的想法。這句話聽起來沒有特別的意思，卻讓孟子勃然大怒。

「王曰何以利吾國，大夫曰何以利吾家，士庶人曰何以利吾身，上下交征利，而國危矣。[21]」

---

[21] 譯註：白話意思（作者原文）為「王想著如何讓自己的國家受益，居高位者想著如何讓自己的家庭受益，武士或底下的人想著如何讓自己的身體受益。舉國上下都只想著讓自己受益，國家將岌岌可危」。

此後，孟子廣泛宣揚了「逐利難免招來怨恨」的教誨。多年以後，司馬遷讀完孟子與梁惠王的對話後，在《史記》中寫道：

「天下熙熙，皆為利來！㉒」

生活中出現的許多問題，都是源自「利益的分配方式」。只為了「自己」謀利肯定會招來怨恨，產生副作用，但為「你我」謀利，就能擺脫很多副作用。

罕見的贏家詛咒

優先考慮別人的利益時，我們只擔心一件事，那就是自己的利益會不會隨之減少。因此，不少人都不願意先提出建議，因為這是「贏家的詛咒」。

在經濟學中，它的意義無異於「以高於市場價值的價格購買商品」；而在我們的日常中，我們擔心自己為了得到某個東西，付出太多代價，自然不會先給予利益。

不過實際上，這種贏家詛咒不常出現。美國某個實驗結果顯示，協商時提出的第一個建議對結果的影響高達百分之八十五。換句話說，在沒有標準的情況下，第一個標準將成為標竿，左右之後的所有協商。從某方面來看，這相當符合常理。

在雙方都不知道該給對方多少利益和幸福的狀態下，假如對方提出五十，這個數字就會在不知不覺中成為標準，並以此為起點，下降到三十至四十或上升到六十至七十。但如果我們先提出三十，限制住自己的想法，數字就會停留在十至二十或四十至五十之間。與其糾結在「對方該給我多少」這件事上，不如先以自己的標準決定對方的利益，對我們更有利。否則的話，對方就會反過來控制我們。

若想擁有良好的人際關係，記得優先考量「利益」，剩下的就不成問題了。正如同江河流向大海，人心也永遠向著利益。如果你能守住這個要點，確立自己的主張，人際關係自然就會順利。

㉒ 譯註：白話意思（作者原文）為「利益果真是混亂的起源」。

不是沒有貴人，
而是沒有眼光

學會看人，守護自己的主導權

PART 4

我們從出生到死亡，都活在人群之中。因此，「看人的眼光」從我們參與社會活動的那一刻起，便成了一項不可或缺的能力。如果你無法辨別對自己有害的人、利用自己的人、會在關鍵時刻背叛自己的人，就要自己承擔傷害和損失。問題是，大部分的人都會在一開始的時候，「假裝自己很善良」，「假裝自己是好人」，「假裝自己很有禮貌」。倘若你既沒有警覺心，又沒有看人的眼光，上當受騙也是理所當然。據此，我們必須學會看人，傾注心力了解自己該和誰保持親近，又該和誰保持距離。

一個人身邊有許多貴人，不是因為他的運氣好，而是因為他懂得善用看人的眼光，將壞人一一過濾，只留好人在身邊。換個說法就是，一切並非偶然。不要認為自己「沒有貴人運」，儘管將空心的稻殼挑出來，留下飽滿的稻穗吧。如同只吃一餐，也要吃得營養豐盛的概念，就算來往的人不多，我們也要從中獲得更大的收穫。

心存懷疑令人痛苦，心無懷疑卻是災難

我們容易上當，一定是有原因的

「夫眾煦漂山，
聚蚊成雷。」

只要不被別人的言行欺騙，我們的生活就會安全許多。可是，我們時常被親近的人欺騙，甚或受到致命打擊。以詐財來說，百分之六十以上的相關案件都是朋友、同事、親戚涉案。相較於經濟損失，更大的問題是信任的破裂導致內心嚴重受創，無法再輕易相信別人，人際關係的品質隨之惡化。

即使不構成法律上的「詐欺」，無法認清別人缺點這件事，也有可能讓我們在人生中遇到許多困難。在婚姻、事業、友情的關係裡，如果缺乏看人的眼光，容易讓人感到迷惘不安，和清晨時分走在大霧瀰漫的街道上沒有兩樣。為了解決這樣的問題，我們必須釐清為什麼一個人和我們愈親近，我們愈看不見他的缺點，並且想辦法克服它。

成語「刮目相看」的意思雖然是「以全新的眼光看待知識或才能的成長」，但字面上的意思是「擦亮眼睛重新看」。培養看人眼光的第一步就是，審視自己先前看過的東西和認識的人，重新做出判斷。有時候，光靠「他和我很親近、他和我認識很久了、他曾經幫助過我」的理由對一個人做出判斷，說不定會讓我們陷入困境。

連最基本的東西都看不見的原因

朝鮮時代出版的《於于野談》收錄了暗行御史柳夢寅巡查韓國各地時，收集到的各種傳說和軼事。

某人從中國買回了一幅壯觀的圖畫，畫中有個年老的書生望著一棵低垂的高大松樹。畫風高雅神妙，任誰看了都驚嘆連連。他對畫作的價值充滿信心，於是到處找人見面，以求賣個好價錢。後來，朝鮮初期最優秀的畫家安堅看了這幅畫。他仔細觀察畫作後，露出了失望的眼神，對畫作的主人說：

「這幅畫好歸好，不過人抬頭時，脖頸不免會出現皺紋，它卻沒有畫出這點，犯了極大的錯誤啊。」

仔細想想，這種寫實的表現明明是最基本的東西，人們卻無法察覺。之所以如此，原因就在於我們做出判斷的時候，已經被畫作的整體風格所迷惑。

另一個有關畫作的故事中，提到了一幅老人讓孫子坐在自己膝蓋上、餵他吃飯的畫作。這幅畫畫風極佳，令許多人讚嘆不已。它的聲名遠播，甚至傳進王宮，連第九代國王成宗都來看這幅畫。不過成宗看完以後，馬上面露失望。他是這麼說的：

「一般人餵小孩吃飯的時候，自己也會跟著張開嘴巴，這幅畫裡的老人卻緊閉嘴巴，不符常理，畫得大錯特錯。」

曾經餵小孩吃飯的人，絕對都知道這一點。由此可見，當我們將注意力放在其他地方的時候，根本看不見瑣碎或基本的東西。

《於于野談》作者柳夢寅對這兩則故事提出以下評論：

「一旦失去本意，無論再華美，明白人也不會接受。」

這裡的「本意」指的是真心或基本。也就是說，懂得看畫的人會先從基本著眼，如果畫作連基本都達不到，他們就不會買單。

因過度的同理心受到影響的判斷力

我們看人的時候，經常會受到某些事情迷惑，以至於看不清對方的本質和基本。舉例來說，我們在餐廳看到別人行為粗魯或大聲說話時，通常都能輕易看出他們是「沒有基本禮貌的人」。可是，那個人的同伴卻完全沒察覺到他的問題。

任誰都看得出來的問題，為何那個人的同伴不知情呢？或許是兩人之間的關係使他不便指謫對方，也或許是過度的同理心或太過親近的關係，導致他看不見對方的缺點。這種事也經常發生在熱戀中的情侶之間。「被愛情蒙蔽雙眼」形容的就是這種失去基本判斷力的現象，任誰看來都是缺點，他們卻覺得那樣很可愛、很美、很帥。就像前面的故事裡，沒人注意到書生的頸紋、爺爺餵孫子吃飯時的嘴型一樣。

因為名聲失去判斷力的情況也屢見不鮮。許多轟動社會的詐欺案件都是利用名聲來影響別人的判斷。就算不是名人，我們也很容易因為對方和自己親近，輕信對方而上當。

史書《漢書》中收錄了「聚蚊成雷」的典故，這句話的意思是「蚊子聚在一起飛舞時，發出的聲音有如雷聲」。

「夫眾煦漂山，聚蚊成雷。朋黨執虎，十夫橈椎。㉓」

雖然這句話的由來是為別人汙衊自己叫屈，卻也可以看作是眾口一詞時，任誰都會信以為真。現今的名聲和社會聲譽都是以同樣的形式傳播，影響著我們的判斷力。

對方幫助過我們，有時也是讓我們信任對方的重要原因。曾經對自己釋出善意的事實，往往會讓我們相信對方是值得信賴的人。但嚴格來說，「幫助過我們」和「這個人值得信賴」並不能畫上等號。因為大部分的詐欺犯都是先給予別人利益和幫助，獲得對方的信任之後，才正式進行詐騙。

精心設計的化妝方式和動作

想要培養看人的眼光，務必記得「擦亮眼睛重新看」。不論對方給人的感覺、別人對他的評價、他的名聲和權威，先以懷疑的眼光檢視對方至少一次。這麼做不是為了增加我們對一個人的不信任，而是為了解決我們認不出誰在惡意欺騙自己，以及看不見別人缺點的問題。

來舉個例子吧。假設有個女人滿臉憂心，眼周下方有些泛白，看起來像剛大哭一場，還皺著眉頭，看起來像是牙齒很痛的樣子，你會怎麼做呢？各位應該會對她感到同情，想看看自己能幫上什麼忙吧。要是對方又是和自己很熟的人，肯定會對她伸出援手。

再舉一個例子。假設你的面前有個女人走路時扭腰擺臀，稍微歪著頭，姿勢有些不端正，你有什麼感覺呢？多少會從她身上感受到異性的魅力吧。如果對這些舉動毫無疑心，對方也沒有暴露特別的意圖，你說不定就這樣單純地相信對方。

然而，過去確實有人精心策劃了這一切，這個人就是後漢時期掌握大權的將軍夫人孫壽。她愛好奢華打扮，甚至獨創化妝方式和動作，在宮中掀起模仿風潮。

㉓ 譯註：白話意思（作者原文）為「眾人一同吹氣，足以吹走高山。眾蚊同時發聲，聲音如雷響亮。一群人互相幫忙，可以抓住老虎。十個男人一起出力，可以使椎彎曲」。

- 愁眉：將眉毛畫得細長，讓自己看起來憂心忡忡的化妝方式。
- 啼妝：將眼周下方塗白，讓自己看起來像是剛哭過的化妝方式。
- 齲齒笑：感覺像是牙痛一樣，輕輕皺眉的動作。
- 墮馬髻：稍微歪著頭，使姿勢顯得稍微不端正的動作。
- 折腰步：折著腰，搖擺前行的動作。

與那些為了利用、欺騙別人而精心策劃的人相比之下，孫壽的努力或許顯得微不足道。

一直對別人抱持懷疑，自己也會變得痛苦。這樣的情緒不僅令人不自在，對別人抱持懷疑的自己也顯得可悲。不過，所有的詐欺都源自於「萬分之一」的可能。如果一次都不懷疑，到頭來只會讓自己更狼狽。透過某種程度的懷疑保障安全的做法，亦是得到看人眼光的重要起點。

是消磨心靈的刨刀，
或是分享光亮的油燈？

機會主義者絕對抓不住人際關係中的機會

「外表看似親密，
實則各懷異心。」

人際關係時常帶給我們新的機會，如何活用它們，將決定我們日後的發展方向。然而，如果你交朋友只是為了得到機會，抑或看在對方可以給你很多好處，才和對方保持密切關係，你應該重新檢討自己的態度。因為這段關係將完全建立在利益交換之上，變得膚淺。在這樣的情況下，最常發生的就是頻繁斷絕關係。斷絕關係雖然是在關係中保護自己的其中一種明智方法，但建立在利益交換之上的關係中也經常發生。用一句話來概括，這種人就是「關係的機會主義者」。

只不過，我們可能會分不清一個人究竟是善用關係中的機會，或者純粹是「關係的機會主義者」。畢竟我們很常因為外表或經濟條件愛上一個人，卻誤以為是真愛。

為了做出正確判斷，我們需要確定兩個問題，一個是「對方是否表裡不一」，另一個是「雙方能否在這段關係中互相成長」。將這兩個問題套用在與自己建立關係的人和自己身上，就能更清楚地看出對方是不是機會主義者。

蝙蝠能成為機會主義者的原因

朝鮮時代後期文人洪萬宗在其著作《旬五志》中，記錄了一個發生在動物世界的傳說。

某天，附近的禽獸幾乎全參加了為鳳凰慶祝的宴會，唯獨蝙蝠缺席。鳳凰叫來蝙蝠，斥責牠身為自己的部下，怎敢不參加宴會。蝙蝠回道：

「我是四隻腳的，你這種鳥和我有什麼關係？」

後來又有一次，所有的四足禽獸都參加了為麒麟慶祝的宴會，蝙蝠再度缺席。麒麟同樣叫來蝙蝠，斥責牠為何不出席。此時，蝙蝠展開了自己的翅膀，對麒麟說：

「我有翅膀，四足禽獸的宴會和我有什麼關係？」

結果，蝙蝠兩邊都得罪了，誰都不願意接納牠，牠只好躲進黑暗的山洞裡，晚上才出門。

蝙蝠在古今中外的各種故事當中，都是背叛的象徵和機會主義者的典型。不過這並非牠的天性不好，而是因為牠天生具備成為機會主義者的有利條件。牠同時擁有禽獸的四隻腳和鳥的翅膀，隨時都能找藉口。要是蝙蝠起先沒有兼備這兩種條件，或許就不會背叛別人或投機取巧了。

腓特烈（Friedrich）二世的殘忍實驗

我們和別人建立關係的心態與蝙蝠的生態特性相似。我們對別人完全友好與信任，卻又渴望從別人身上獲得利益。這就是機會主義行為的可乘之機。當我們無法找到平衡，只能偏向某一邊的時候，就有可能發生問題，讓關係演變至貌合神離的狀態。貌合神離，出自秦朝兵法家黃石公撰寫的《素書》，指的是「外表看似親密，實則各懷異心」。

建立關係的過程中，最該注意的正是「異心」。有道是「朋友必須志同道合」，和「志同道合」最相悖的當屬「異心」。如果處在這種狀態，關係將會變得莫名坎坷，不但不能朝著同一方向愉快順行，還會感受到彼此的束縛，難以向前邁進。因為小事吵吵鬧鬧，關係漸行漸遠的原因也在於此。這段關係從最初就有異心，早就朝著不同的方向發展了。一方認為「微不足道的小事」，在另一方的眼裡卻是「大事」，有時還會成為分手的正當理由。這種異心的可怕之處就在於，它在第一時間就阻礙了人類交流情感與情緒。

相傳十三世紀時，神聖羅馬帝國的腓特烈二世進行過一個饒富趣味的實驗。他很好奇「世界上最純真、高潔的單字」是什麼，對新生兒出生後說的第一句話抱持高度關心。然而，他考量到新生兒可能模仿照護者或媽媽的話語，決定提供最好的環境給照護者和新生兒，但禁止他們進行對話或情緒交流。幾個月後，實驗結果悽慘無比，甚至可以說是非常殘虐。寶寶們雖然生活在良好的環境中，卻全部夭折了。有趣的實驗變成殘忍的實驗。

不能交流情感與情緒雖然不會對成年人的生命造成直接影響，卻有可能讓新生兒因此送命。存在異心的關係缺乏情感與情緒的交流，與腓特烈二世實驗中的嬰兒與照護者的關係並無二致。

緊密相連的美麗池塘

與之相反，良好的人際關係具備了一個特徵。不管是工作或交往的關係，雙方必然會共同成長和發展。

成語「麗澤相注」出自《周易》，字面意思是「美麗的池塘互相供水」，用來比喻雙方互相幫助、共同成長的關係。不存在異心、不投機的人，多半維持著這種關係。

朝鮮後期實學思想基礎的奠定者李瀷先生提倡的麗澤法，也是基於同樣的道理。麗澤法是兩個人面對面討論，協助彼此的研究進一步發展的一種方法。這麼做的話，學習的速度和效率都會大大提升。與人交往或維持人際關係，其實就像在閱讀對方的人生故事；一起討論、互相提供建議，則像是在合著未來的人生。

法頂師父在著作《水聲風聲》中如此描寫人際關係的精髓：

「我們找朋友是為了彌補自己的不足，而非空閒時間太多。人與人之間如果少了禮節、信義和創造性的努力，對彼此就沒有好處。畢竟空包的種子很快就會枯萎。因此，我們必須不斷為對方付出努力，讓關係日新月異，才能成為彼此的好朋友。」

說到底，關係大致可分成兩種。一種是有如拿刨刀削樹皮，互相消磨心靈，對彼此造成傷害的關係。由於雙方想要的不一樣，所以時常互相指責，在無法滿足心願時折磨彼此。

另一種是「分享燈火的關係」，與前述南轅北轍。美國第三任總統湯瑪斯·傑佛遜（Thomas Jefferson）說過一句話：

「當我和人分享燈芯時，光亮也不會因此減弱。」

無論分享幾次，自己的燈芯都不會變暗。正如同麗澤相注所說的，持續給予彼此正向影響，共同成長的關係。朋友多，不一定是好事。關係的品質，以及我們看待關係的方式，遠比人數來得重要。

話說出口之前，你是它的主人；
話說出口之後，你就成了它的奴隸

少自說自話，多觀察別人說的話

「嗟乎，

為法之敝，一至此哉！」

除了基本溝通之外，言語還有很多功能，譬如讓彼此的心情變好或變壞、令人關係決裂，亦能使人團結。不過站在主導權的立場上，我們必須特別留意兩件事，那就是它會暴露自己的心理狀態，甚或讓我們陷入危險當中。

這樣一來，就會演變成「我的敵人是我說的話」的難堪局面。即使不能將言語的正面功能發揮在自己身上，至少不能讓它對自己造成負面影響，動搖自己的主導權。但我們在生活中實在太常說話，若是不特別注意，很容易就會犯錯。有關言語的格言和成語從古至今沒有少過，可見其重要性和濫用言語所帶來的傷害有多大。

反之，好好分析別人說的話，不僅可以讓自己處在有利的位置上，還可以看出誰是必須避開的人。在語言心理學中，言語被視為行動。我們時常說「言語和行動」，代表我們認為兩者之間有差異，但嚴格來說，言語本身就是行動。因此很顯然地，會隨便說話的人就是會隨便對待別人的人，說話沒品的人就是沒有人品的人。

少說話，問題也會變少

古人常勸我們小心說話，老子則特別交代我們要對此保持警覺。首先，老子以「欲望」、「尖銳」、「光」等字眼來比喻言語。這全是言語的正面功能：洞悉自己的欲望，了解別人的欲望，尖銳指出某個需要改正的問題，以及揭露黑暗。不過，老子認為這麼做其實弊大於利。他在《道德經》寫道：

「知者不言，言者不知。塞其兌，閉其門。挫其銳，解其紛，和其光，同其塵，是謂玄同。故不可得而親。不可得而疏。不可得而利。不可得而害。不可得而貴。不可得而賤，故為天下貴。㉔」

老子建議我們閉上嘴巴，關上欲望之門，挫去自己的尖銳，遮住自己的光芒。簡而言之，就是少說話，問題就會變少。再者，這種狀態方能讓我們達到無敵無友，無利無害的境界。這段話也是成語「多言數窮」的典故，意思是「話愈多愈容易陷入困境，不如堅守中庸之道」。

有個人遭遇了老子所擔心的事情。商鞅是秦孝公的其中一個手下，他對政務充滿熱情，提出了許多法令，也發起了各種改革。雖然被採納的政策多數有益，比如限制貴族特權、統一度量衡等，但也有造成百姓不便的法令，比如身分不明就不能投宿客棧，天黑就不能越過國境等。即便如此，商鞅仍然受到孝公賞識，賜予了他十五個村莊大的土地。然而孝公過世之後，問題開始現形。

商鞅立法過多的下場

對他提出的法令感到不滿的貴族們總算等到機會，他們四處散布商鞅謀反的謠言，藉機要逮捕他。商鞅聽到消息後，動身逃往魏國。當他好不容易到達秦國邊境時，衛兵擋住了他的去路，告訴他商鞅大人規定天黑不能出入秦國。萬般無奈之下，他只好到客棧投宿。當他抵達客棧時，客棧主人表示商鞅大人規定客棧不能讓身分不明者投宿，問他的來歷，他不得不說出自己的身分。當時，他望著天空嘆息：

「嗟乎，為法之敝，一至此哉！㉕」

他隔天雖然成功逃到魏國，卻因為前一天在客棧敗露身分，很快就被抓回秦國，接受殘酷的刑罰。商鞅立法過多，甚至訂定了不必要的律法，最終害慘自己。

㉔ 譯註：白話意思（作者原文）為「有智慧的人不多言，多言的人沒智慧。閉上嘴，關上欲望之門。挫去尖銳，解開糾結，擋住光芒，化為塵土，這就是合一的本質。這樣的人沒有敵友，沒有利害，沒有貴賤，是天底下最珍貴的」。

㉕ 譯註：白話意思（作者原文）為「我竟然作法自斃，因自己立的法受害」。

我們的言語也和商鞅立的法條一樣，牽制著我們。我們過去說的話變成地雷和陷阱，落在各個角落，攻擊今天的自己。

對猶太人而言，《塔木德》的重要性僅次於聖經。書中有段話是：

「話說出口之前，你是它的主人；話說出口之後，你就成了它的奴隸。」

比起少說話，這段話的主旨更像是在告誡我們與人相處時，應該少說沒有想法的話、不經大腦的話、攻擊性太強的話。

引發混亂的話

謹慎說話的同時，我們也要仔細觀察對方說的話。事實上，言語可以非常準確地表達出一個人的心理，故能幫助我們辨別哪些人值得來往。

特別要留意的就是自戀者。任誰都有一些心理層面的問題，但自戀者對別人的危害尤其嚴重，務必認清他們的真面目，離得愈遠愈好。現代心理學時常提及自戀者的說話風格，但如果以東洋經典名著來定義的話，肯定是「混亂」。他們往往故意說一些引發混亂的話，將自己的想法強加於人，得意地在混亂中操縱別人。

比方說：「你太敏感了，才會有那樣的想法」「我不知道你為什麼生氣，但我想理解你」「我從來不會錯，你只要照著我的方式做就對了」。這類說法乍聽之下是在體諒、尊重說話對象，但根本是刻意製造混亂，將自己的想法強加於人。以前的社會也有過這種表裡不一、隱藏內心的自戀者。

某天，孟子的弟子正在閱讀孔子的《論語》，但他不太理解其中一個段落。《論語》中寫到鄉愿受眾人尊敬，孔子卻說他們是敗壞道德之人，於是他詢問孟子原因。孟子的回答如下：

「村民找不到什麼藉口指責或批評鄉愿。鄉愿私下和歹人勾結，在家假裝忠信，在外假裝廉潔。只看他外表的人喜歡他，他也認為自己的行為是對的，但就是無法進入聖賢之道……孔子說他討厭狗尾草是怕它擾亂稻穀生長，討厭妄念是怕它擾亂正義，討厭巧言是怕它擾亂信仰，討厭紫色是怕它擾亂紅色，討厭鄉愿是怕它擾亂道德。」

假如你不能認清、擺脫自戀者引發的混亂，到頭來就會成為他們手下的犧牲者。那樣一來，你不僅很難在短時間內擺脫對方，還會失去關係中的主導權，乃至留下巨大的心理創傷也說不定。隨時都要對引發混亂的人特別保持戒心，無論他用的是言語或行動都一樣。留意自己說的話，深度觀察別人說的話吧。也許你就不會這麼常被人傷害了。

讓別人留下遺憾，自己也會留下遺憾

因果報應是科學結論

「疇昔之羊羹，子為政；
今日之事，我為政。」

如果想以符合對方價值觀的方式對待一個人，需要付出相當的努力。不但必須維持適當的禮儀，費心觀察對方的心情，還要支出大筆金錢。我們願意付出這麼多的努力，是因為未來有機會得到回報。因此，從極端的角度來看，我們其實無須在意那些不值得我們好好對待的人，甚至無視他們也合情合理，畢竟我們沒必要為了得不到回報的事情付出努力。

不過，過度無視別人可能造成更嚴重、更痛苦的狀況：得不到回報，還招來弱者的報復。我們之所以遭受報復，是因為對方的權利意識（Sense of entitlement）承受了太大的打擊。權利意識即「我應該得到這種待遇」的心態。愈弱的人，權利意識愈強。他們迄今受到的蔑視與忽視，使他們的憤怒更加強烈。

因為早已遺忘的事情遭受報復的狀況根本不足為奇，許多名人的學生時代紀錄都讓他們遭受攻擊。千萬別忘了，那些平常遭受辱罵、當面訓斥、不禮貌對待的人會將一切記在心裡，然後在某一天給予我們致命的打擊。

愈弱的人愈不容忽視

春秋時期，鄭國與宋國交戰不斷。宋國的大將華元在領兵攻打鄭國前一天，為了提升士兵們的士氣，特別準備羊肉給他們吃。正當士兵們開心大啖羊肉時，華元的部下詢問他為什麼沒將羊肉分給駕駛戰車的羊斟。華元這樣說：

「與戰鬥沒有直接關係的士兵，沒有必要吃羊肉。」

眾士兵吃飽喝足，經過一夜休息之後，隔天早上正式和鄭國對戰。雙方的戰力不相上下，難以分出勝負。於是，搭乘戰車的華元為了讓情勢變得更有利，指示駕駛戰車的羊斟前往鄭國士兵較少的地方。可是，羊斟卻反其道而行，朝著鄭國士兵嚴陣以待的地方前進。華元驚慌失措，問羊斟為何這麼做，羊斟回道：

「疇昔之羊羹，子為政；今日之事，我為政。[26]」

華元沒過多久就成了敵軍的俘虜，他率領的士兵也無心再戰。結果，兩百多名士兵被俘，宋軍就此慘敗。

羊斟對華元「與戰鬥沒有直接關係的士兵，沒有必要吃羊肉」的決定感到強烈憤怒。他憤怒的原因恐怕不只是因為沒吃到美食，被視為「不配吃羊肉的人」想必更令人惱火。

㉖ 譯註：白話意思（作者原文）為「昨日讓士兵吃羊肉是將軍作主，今天讓戰車到哪裡是我作主」。

這個教訓告訴我們，擁有的東西比別人更多、力量比別人更強大的人，愈不應該讓別人留下遺憾。

最重要的是，復仇擁有強大的力量，經得起時間的考驗。人生中大部分的事情都會被時間沖淡，唯獨復仇的情緒不會，而且還會愈演愈烈。「君子報仇，十年不晚」這句話，就是最具代表性的例子。

自己的眼裡流下血淚的原因

無論是在家庭或社會中，人們爭吵時，往往會反問對方：「你有資格嗎？」言下之意就是你沒有做父親的資格，沒有做部下的資格，沒有做朋友的資格，我現在這樣虧待你，你也該自知慚愧，全盤接受。然而就算是自認沒出息的人，也受不了別人的怠慢和忽視。

正因如此，如今才有「善有善報，惡有惡報」的因果報應。因果報應時常被視為陳腐的道德觀，尤其看過別人做盡壞事，依舊生活無虞的話，很有可能不相信因果報應。可是，惡果回到我們身上的方式其實非常多元，我們要特別留意的不光是別人的報復，還有「自己造成的惡果」。

美國凱斯西儲大學醫學院史蒂芬・珀斯特（Stephen Post）教授研究過如何讓別人的善良行為回報在自己身上。他將稱讚、寬恕、勇氣、幽默、尊重、同情、傾聽等行為歸納起來，探討時常做出這些善良行為的人後來的際遇。結果顯示，這些行為對他們的身心產生極大的正向影響，也對他們的社交能力、判斷力、心理狀態提供莫大助益。㉗

美國與英國的其他科學家另外觀察了身體條件良好，但時常做壞事的少年犯罪者在中年以後會變成怎樣。結果，他們的健康在中年以後迅速惡化，住院接受治療或身體出現障礙的機率比一般人高了好幾倍。

美國耶魯大學曾針對維持良好社會關係的人和沒有這麼做的人，進行各別的死亡率調查。他在七千人次、為期九年的追蹤調查中發現，愛吵架、對別人造成危害、只顧自己利益的人的死亡率是其他人的兩倍。㉘

㉗ 原註：史蒂芬・珀斯特，《為什麼喜歡別人就會發生好事？》，多雨（音譯），2013.4

㉘ 原註：金德權（音譯），〈科學家發現的因果報應秘密〉，《newsfreezone》，2021.5.3

從結論來看，讓別人留下遺憾，不僅會招來對方的報復，讓自己留下遺憾，也會留下不少問題。俗話說：「別人的眼裡流下血淚，自己的眼裡也會流下血淚。」這句話絕不是空穴來風。

欲望帶來的不是滿足感，而是更多的匱乏感

我們必須主動控制欲望的離心力

「周諺有之：
『匹夫無罪，懷璧其罪。』」

人類的情緒中，最危險的就是憤怒和欲望。兩者的破壞力相當，但憤怒比欲望好一點，因為它來得快，去得也快。韓國有句俗諺是「忍字寫三遍，即可免殺人」，充分體現出憤怒的短暫時效性。這點與其他情緒沒有太大差異。譬如愉快的情緒會隨著時間推移而減弱，心情再難過，大哭一場以後就會變好。

然而，欲望卻不是這樣。它的性質非常獨特，表面上不

明顯，但不會輕易消失，不僅可以持續很長一段時間，還會愈來愈放大。簡而言之，它是十分危險的變種，與其他情緒截然不同。問題是，如果我們放任它，「一定」會遭受攻擊。比如身邊的人看見我的欲望時，很有可能被激怒，為此攻擊我；而沒有拿捏好分寸的欲望，肯定會帶來金錢或關係上的問題。因此面對欲望的時候，我們必須擁有絕對的主導權才行。

這裡的主導權指的是「有無資格擁有這樣的欲望，能否為此付出充分、合理的代價」。欲望是極為強大的能量，如果處理得當，對我們的發展與成長就會有助益，但如果處理不當，它就會是讓我們身陷危險的頭號敵人。

愈來愈大的欲望離心力

成語「懷璧其罪」出自於《春秋左氏傳》。

春秋戰國時期，統治虞國的虞公想要弟弟虞叔的玉珠，於是詢問弟弟意願，但被珍惜玉珠的弟弟拒絕了。不久之後，弟弟改變了主意，將玉珠獻給他，對他說：

「周諺有之：『匹夫無罪，懷璧其罪。』吾焉用此，其賈害也。㉙」

虞公心滿意足地收下玉珠，但沒過多久，他又想要弟弟手中的寶劍。站在弟弟的立場，交出平時非常珍惜的寶劍並不容易。他仔細思考，哥哥虞公如此貪心，說不定某一天會連自己的性命都想要。結果，弟弟虞叔出兵叛亂，攻入哥哥的宮殿，虞公不得不逃亡自保。

再說一個類似的故事。

春秋末年，晉國內部擁有六股勢力。智氏（智伯）的勢力最大，接著是范氏、中行氏、韓氏、魏氏、趙氏。某天，范氏和中行氏開始違抗智伯的命令，因此智伯聯合其他勢力消滅他們兩家，他的欲望也從此愈來愈大。

之後，智伯要求韓氏交出土地，韓氏雖然生氣，卻礙於勢力薄弱，不得不答應他。他後來也向魏氏、趙氏提出同樣的要求。魏、趙兩家覺得委屈，不願意交出土地，於是智伯

㉙ 譯註：白話意思（作者原文）為「周朝有句俗諺，無罪的平凡人擁有昂貴的寶珠時，他就成了有罪的人。我想我沒有必要拿著這個，惹禍上身」。

決定像之前一樣，聯合其他勢力消滅他們。但這一次，遭受委屈的勢力聯手反擊，消滅了智氏。這兩則故事有著明確的共同點：欲望不減反增，久而久之一定會讓身邊的人怨恨，遭受反擊。

是快樂的滾輪，抑或是悖論

首先，我們需要探究的是，欲望為什麼愈來愈大。傷心的人不會無止境地難過，快樂的人也會隨著時光流逝變得不這麼快樂，欲望卻非如此。經濟學家將欲望稱為「快樂的滾輪」，哲學家則將欲望帶來的結果稱為「快樂悖論」。

一九七〇年代，心理學家菲利普・布里克曼（Philip Brickman）和他的同事成為將「適應」概念連結到快樂領域的第一人。即使體驗到某種程度的快樂，過了一陣子，我們就會習以為常，繼續追求更大的快樂。根據哈佛大學的研究，縱然是中樂透或得到夢寐以求的工作，快樂也只會維持三個月左右，之後就會完全適應，再次追求更大的快樂。問題是，人的欲望永遠不可能滿足，愈是追求它，愈令人不滿、痛苦，「快樂悖論」由此而生。

前述的周朝俗諺「匹夫無罪，懷璧其罪」，也是相同的道理。儘管原本是平凡的人，一旦獲得名貴的寶珠，習慣這種快樂以後，就會想要更貴重的東西，以致惹禍上身。

然而，欲望最大的問題就是，我們很難界定貪婪欲望和健康欲望。一般都會建議「不要太貪心」或「別讓欲望失去分寸」，但標準實在太模糊。即使別人警告「別貪得無厭」，當事者也有可能主張「這是合理的欲望」。因此，我們需要新的標準：「資格與代價」。也就是當我們想要某樣東西時，有無付出相應努力，以及為此付出一定的代價。

企業家辛苦工作賺了一百億韓元後，付出更多努力進行投資，想要賺到一百五十億韓元的情況屬於健康欲望，不能稱之為貪欲。不過，若是他沒有為自己的事業付出任何的努力和代價，就想突然賺到一億韓元的話，無論金額多寡，都屬於貪欲。以過去的標準來看，五十億遠比一億更多；可是以「資格與代價」來看，想要賺到一億的人才是貪心鬼。而經典名著提到的虞公和智伯既沒有資格，也沒有付出代價，就想得到某樣東西，所以只能算是貪欲。

帶來痛苦的欲望

另一個區分健康欲望和貪婪欲望的標準是，自己或跟自己有關的人的痛苦。貪婪的欲望必然會帶來痛苦。《八萬大藏經》對貪欲的描述如下：

「貪欲是不知滿足的海星，是喚來無數痛苦的號角。」

在缺乏合理資格、沒有付出代價的情況下，對某樣東西有欲望的話，肯定是強迫別人付出代價，剝奪了他們的合理資格，才能獲得那樣東西。就這一點來看，貪欲和痛苦可謂是一體的。

在西洋文學裡，也找得到貪欲和痛苦的關聯性。但丁在著作《神曲》中將貪欲比喻為「狂暴的颶風」，並寫道：

「地獄的颶風吹颳不已，用狂暴的威力鞭戮陰魂。靈魂被狂風吹來拂去，滾動碰撞，苦不堪言。」

以某個角度來看，貪欲是體現人類愚蠢特質的典型情緒。一般來說，形容某人愚蠢的時候，就是他自己的行為造成惡果的時候。貪欲正是如此。因為它會為自己和身邊的人帶來痛苦，儼然是愚蠢的代名詞。

美國作家海萊因（Robert A. Heinlein）說過：

「不要低估人類愚蠢的力量。」

我們必須時刻銘記這句話，理解自己的愚蠢沒有終點，提防自己的內心受到貪欲的影響，反覆人生的痛苦黑歷史。

想要突破極限，
必須先跨過界限

克服阻礙自我主導的心理狀態

PART 5

人們總是說突破極限是自己與自己的對決，不過有些人連自己心裡的那條模糊界線都跨不過，遑論是極限。他們的藉口很多，理由也很合理，但其實突破極限從一開始就不合理。因為以過去的眼光來看，打破如今最適合自己身心的習慣並不正常，所以會讓人產生反感，但要是無法突破，就只能回到過去。因此，與其把重點放在突破極限這樣的遠大夢想之上，不如先設法跨越心裡的小界限。當我們一一跨越界限，活動範圍就會逐漸擴大，愈來愈靠近極限。除此之外，不曾去過的地方難免令人有迷茫的幻象，也會誤信誇張的傳言，故最後的界限可能不如預期的大，也沒有那麼牢固。再加上我們點滴培養至今的體力與心理，說不定也會縮小自己的極限，讓它小於預期。現在，就讓我們毫不畏懼、毫無負擔地開始跨越那些小界限吧。

別讓過去支配現在、
未來攻擊現在

確保觀察情況的主導權

「心態相同，眼前的
世上萬物也會相同。」

若要掌握主導權，需要冷靜分析情勢、勇往直前，故須維持積極、平穩的心態。此外，就算情勢對自己不利，也要設法找到打破僵局的關鍵和機會，盡可能不要負面思考。然而在不安持續襲來，內心失去平靜的狀況下，就連擁有調整心態的意志也不是一件容易的事。

我們可以從許多層面找到問題的解決之道，「時間」就是一個非常不錯的方法。「過去、現在、未來」的認知框架在我們的腦中根深蒂固，影響了我們所有的行動。早上醒來就想起昨天發生的事，時不時就想到今晚該做的事，過去、現在、未來總是同時動搖我們的內心。

假如再想起上個月、一年前，想到一年後、十年後，我們的思緒就會有如無數河流湧入，變得一片混亂。這是人類意識的自然趨勢，但如果想要維持積極、平穩的心態，便有必要努力擺脫這樣的認知，以免過去的記憶束縛今天的腳步，對未來的焦慮困擾現在的我。

驚人的積極狀態

據說孔子的門生約有三千人。無論古今，一個人教出這麼多學生，都是了不起的事情。不過，歷史上還有一個和孔子一樣擁有眾多門生的傑出人物，他的名字就叫做王駘。他曾因犯罪被砍斷腳，不良於行。孔子的學生好奇王駘為何能有如此多學生，於是向孔子提問：

「王駘雖然犯過罪，依然有很多人找他，擁有極高的聲望。他幾乎不傳授知識，也不常和人討論學問，拜訪他的人卻總是心滿意足離開。他身有殘疾，仍如此德高望重，著實奇怪。他究竟是怎麼控制內心的呢？」

孔子告訴學生，他也很尊敬王駘，並提及他內心的態度與看待世界的態度等，最後說道：

「他雖然被砍斷了一隻腳，卻不放在心上，彷彿自己的腳不過是掉在泥土上，著實偉大。」

我們有辦法輕易地將被砍斷的腳當成掉在泥土上的無關緊要之物嗎？不便的日常理當會讓人不斷想起之前的事件，王駘卻能完美拋棄過去，以最積極的態度克服這個難關。得益於此，他完全衝破了過去的束縛，沒有因自己的殘疾而悲觀，抓住了新的機會，招到許多門生。擺脫過去的悲傷與傷痕不容易，但如果不能搭乘時光機回到過去，或許專注於當下，比照王駘「讓它們如同掉在泥土上一樣，全然不放在心上」的做法，會是最好的解答。

我們應該專注在？

有一陣子，「員瑛式思考」以迷因的形式廣為人知。這是一個以偶像團體成員的名字命名的思考方式。舉例來說，你在一家有名的麵包店排隊排了很久，終於輪到你的時候，麵包卻賣完了。一般人可能會因此生氣，認為今天很倒楣，但員瑛這麼想：

「雖然要再等一下，但我可以買到剛出爐的麵包，
真是太幸運了。幸運的女神果然站在我這一邊！」

要做到這點，必須完全專注於「可以買到剛出爐的麵包」，不把焦點放在「好不容易輪到我卻沒買到」的遺憾。當場發脾氣只會讓自己心情不好，假使買麵包的目標夠明確，就能忘記過去，活在當下，重新找回積極、平穩的心態。

像王駘和員瑛一樣，忘記過去、回歸現在以後，接下來要解決的就是未來了。事實上，絕大多數的人都是因為不斷想到未來而焦慮。

丹尼爾・S・米洛（Daniel S. Milo）是法國社會科學高等研究院教授，也是哲學家、歷史學家、演化生物學家。他曾表示：「自從人類發揮想像力，發明了未來這種時間概念以後，焦慮就如同命運一般，在人類身邊如影隨形。」人類算是在動物當中，唯一會因為尚未發生的未來，在當下受苦的存在。然而人類也因為這個思考未來的特質，得以隨時做好應對危險的準備，追求穩定。但不可否認的是，我們因此飽受煎熬。

只不過，光是擔心未來，並不會讓未來更光明。相反地，當我們專注當下，持續累積好成果時，未來自然就會變得光明。因此，對於我們來說，現在根本不需要擔心未來。「Carpe diem」，意即享受現在，它是一個非常有效的咒語，能夠幫助我們擺脫未來攻擊現在時產生的巨大壓力。

突破極限的微小力量

我們在忘記過去和未來的同時，還必須做一件事，那就是展開「小行動」。這就像是第二道防禦壁壘，可以更進一步地強化我們的專注當下戰略。

處於焦慮或消極的狀態時，通常會讓人失去熱情，行動力大幅下降。例如，不想和別人碰面，說不定連日常的散步和運動也做不到。不過心理學上有句話是：「焦慮和擔心的影響力無法超越行動的力量[30]。」打開窗戶讓室內通風、和朋友傾訴求助，甚或上網找答案，全都屬於小行動。重要的是，這些小行動最後會形成一股旋風，改變你自己和這個世界。

孔子的孫子子思撰寫的《中庸》第二十三章，針對這一點做了詳盡說明。

> 「其次致曲，曲能有誠，誠則形，形則著，著則明，明則動，動則變，變則化，唯天下至誠為能化。[31]」

我們總是想突破自己的極限，因為我們相信這麼做可以促進自身的發展和成長。當我們突破極限，達到自己想要的狀態時，便能在許多方面掌握主導權。克服不良的生活習慣有助於我們應對日常挑戰，克服消極的心理傾向帶給我們更幸福的生活。然而，一舉突破極限絕不容易，要是處於焦慮或消極的狀態下，就更難做到了。

此時此刻，與其設定遠大的目標，想著要突破極限，不如先越過自己面前的起跑線。忘記過去和未來，專注在小行動上，就是突破極限的第一步。

㉚ 原註：朴真英（音譯），〈戰勝無力感的小行動〉，《東亞Science》，2022.5.28

㉛ 譯註：白話意思（作者原文）為「小事也不可忽視，必須竭盡全力。如果在小事竭盡全力，你就會變得真誠。如果內心真誠，就會顯現於外在。如果外在真誠，就會光彩奪目。如果光彩奪目，就會感動別人。如果感動別人，就會讓人改變。如果讓人改變，就會有所成長。因此，只有為世界付出最大努力的人，才能改變自己和世界」。

如果走出隧道時還沒天亮，就點燃內心的燈火吧

強大的意志如何改變我們

「你說你要去楚國，
怎麼會往北邊走呢？」

不知不覺間，我們進入了難以使用「希望」或「樂觀」這類詞彙的時代。曾經強調夢想和熱情的社會氛圍，如今連小小的火花都變得微弱。據國會未來研究所二〇二三年四月的調查結果顯示，二十歲族群中，不到百分之七的人對「未來會更好」的想法抱持樂觀態度。一百個人當中有九十三個人感受不到希望和樂觀，充分說明了目前的情況。研究員進行調查訪談當時，有位青年這麼說：

「對我來說，未來就像是個隧道。進隧道的時候和出隧道的時候，景色通常會有點不一樣吧？但萬一我好不容易走出漫長的隧道，卻發現天還沒亮，該怎麼辦呢？」

焦慮與絕望交織的心情有如「通過隧道以後的夜晚」。在這種情況下，人們通常會有一種心理狀態：自行抹去希望與樂觀，以及為了尋找內心的安全感，追求「沒有目標的人生」。在他們看來，「沒有目標，自在過活是最好的」「享受現在，找回自我豈不更好」。可是，人類不能過著沒有目標的人生，那違背了我們的本能。到頭來，我們還是得重新拾起內心的力量，對希望和樂觀抱持夢想，因為這是克服「通過隧道以後的夜晚」的唯一辦法。

實際行為和想法的不一致

戰國時期，魏王的目標是稱霸天下。有一天，魏王計畫在趙國動亂之際，趁機攻打其都城邯鄲。此時，一位有能力的參謀季梁對王說：

「我在路上遇到了一個人，他說他要去楚國，卻駕車往北走。所以我問他，你說你要去楚國，怎麼會往北邊走呢？他的回答很荒唐，這匹馬跑得很快，我很有錢，馬伕馴馬有術。照這樣下去，他只會離楚國愈來愈遠。我知道王的目標是平天下，但如果只靠武力攻打邯鄲，固然能擴張疆土，提高聲望，卻會離平天下的目標愈來愈遠。」

這個故事正是成語「南轅北轍」的典故。季梁點出了路人的矛盾認知：明明是往北走，卻以為自己正往南走；而路人無法對「為什麼往反方向走」這個問題做出正確回應，表示他根本不清楚自己的處境。

各位或許會想，現實中真的有這樣的人嗎？「嚮往沒有目標的人生的人」便處於這種狀態。這是因為「沒有目標的人生」就是他們的目標，「今天要自在過活」則與目標緊密相連。但實際上，這不過是他們的矛盾認知：明明是往北走，卻以為自己正往南走。

強大意志造就的結果

在這個世界上，任誰都有目標。吃飯的目標是填飽肚子，晚上睡覺的目標是緩解疲勞。獨自隱居的青年雖然對人生失去希望，看似毫無目標，也有「與世隔絕」的明確目標。渴望忘記目標，純粹是人們累得失去力氣的另一種表現。

我們有必要更廣泛地審視設定目標具備的力量。目標不只是安排日程而已。原因在於，設定目標其實是提升自我意志的一種行為。換句話說，並非有意志才能設定目標，設定目標本身就能體現意志。我們也可以從醫學的角度來看這件事。

美國的一位內科醫生說過，他在無數癌症患者與自己的對話中，意識到了一個事實。假如他們有了目標，像是「想看到女兒結婚的樣子」、「想要參加兒子的畢業典禮」等，實現它的意志就會變得強大，讓他們活得比預期更久。[32]務

㉜ 原註：「有目標的生活 vs. 沒目標的生活，差別在哪裡呢？」，kormedi.com，2021.9.29

必留意的是，所有先進科技都延長不了的人類壽命，竟能以「意志」延長。過去很多故事都提到了這種堅強的意志，並給予了高度評價。

漢朝有位名叫李廣的猛將，十分善於射箭。他參與了許多戰役，立下無數戰功，卻遭人誣陷，貶為平民。某天他出門打獵，草叢中忽然出現一隻非常可怕的老虎。李廣嚇了一跳，憑藉一定要把牠殺掉的意志，一箭就射中了老虎。他走近查看，才發現那只是一塊石頭。他覺得很新奇，又射了一箭，箭卻在碰到石頭時無力彈開。這個故事就是射石為虎的典故，它清楚地告訴我們，人類的意志有多強大。

為何追求短期目標是有效的

如果你厭倦於追求長期目標，便該設定短期目標，提升自己的意志力。教育心理學界泰斗，美國史丹佛大學心理學名譽教授亞伯特．班杜拉（Albert Bandura）做過一項研究，他將學生分成有短期目標、有長期目標、完全沒有目標等三組，然後對他們的成績進行對比分析。

他要求第一組學生在一小時內回答六頁題目，並反覆七次這樣的過程。這樣一來，他們總共要完成四十二頁題目。然後，他要求第二組學生在七小時內回答四十二頁題目。而最後一組學生，他只給了題本，讓他們自己看著辦。三組當中，第一組學生的成績最好，也對答題最感興趣。事實上，第一組和第二組的答題時間和題目數量相當，但設定較短的目標，以一小時為單位答題時，讓他們的興趣和成就感相對提升。據此，當我們對長期的人生目標感到厭倦時，從「今天的目標」著手，絕對會有更好的效果。

「萬一我好不容易走出漫長的隧道，卻發現天還沒亮，我該怎麼辦呢？」我完全理解那位青年為何這麼問，但就算還是晚上，該去的地方還是要去，沒有目標的人生並不存在。既然疲憊的身心休息過了，就該重振意志，點亮內心的燈火。哪怕是短期的目標，也要努力追求，才能在通過隧道以後的夜晚走得輕鬆一點。

第二選擇總會成為第一選擇，第一選擇終將躍升最佳首選

擺脫負擔，維持隨機應變的態度吧

「毒，必須用毒來消除。」

有時候，我們會試圖一次改變太多事情。這是因為，我們在努力改變習慣、生活態度、心態的過程中，總是強烈想要快速、確實地獲得某種結果。這也是我們老是下定決心，卻撐不到三天就放棄的原因。

掌握主導權也一樣。想要一次找回以往失去的主導權並不容易。如同世界上的所有變化，我們必須循序漸進、逐步累積，方可完全掌握主導權。因此，我們應該放下心理負擔和想要一下子實現某件事的心態，視時機和情況適當地堅持

下去。

在這種時候，最需要的就是臨機應變。只不過，臨機應變經常被賦予負面意義，類似的說法有「權宜之計」、「試圖以臨時措施應急補救」等。但除非是出於惡意，否則臨機應變其實是透過一連串的第二選擇，一步步累積成果，做到最好的一種方法。堅持下去的話，說不定最終還可以達到原本想要實現的最高境界。與其因為車子嘎吱嘎吱響就放棄前進，倒不如硬撐下去，目標一定會離我們愈來愈近。

假如不能同時剷除兩個，至少先一個……

《三國志》前半部提到了曹操刺殺惡人董卓失敗的故事，但在當時，背後其實還有一個叫做王允的人。他雖然是董卓的部下，卻忠於國家、性格耿直，故難容忍董卓的惡行。曹操的暗殺計畫失敗之後，王允始終沒有放棄殺死董卓。

問題在於，董卓的身邊有武士呂布守護。他不但擁有史上最強戰力，還是董卓的義子，只要有他在，誰都無法輕易除掉董卓。若為國家設想，最好的方法就是同時剷除董卓和呂布，但這幾乎是不可能。王允和自己的追隨者商議後，得出了一個結論。

「毒，必須用毒來消除。」

既然不能同時剷除兩個人，他決定退而求其次，拉攏呂布殺掉董卓。王允與呂布密會，以獎賞和官職作為誘餌，成功說服呂布。

成語「權宜之計」正是出自於此，意思是視時機和情況採取適當的方法。換句話說，如果當下無法做到最好，至少要投入第二選擇，創造改變的契機。因為沒有董卓的世界，至少比「董卓＋呂布」統治的世界好一點。

懂得不斷臨機應變的人，才有可能做到這點。臨機應變的本義是「把握機會，順應變化」，與「臨時措施」、「權宜之計」等負面意思完全沒有關係。它不過想表達，有機會就行動，有變化就見機行事。

最能體現這一點的，莫過於「尺有所短，寸有所長」這句話了。人生在世，我們很清楚什麼東西是長的，什麼東西是短的，但現實中仍有可能發生相反的情況。因此，我們必須不斷根據現實改變自己，一點一點修正原本的目標。

若是出現變化，就順應它吧

在電視圈和YouTube頻道相當出名的俞炫準建築師畢業於延世大學建築系，並在麻省理工學院和哈佛大學取得建築設計碩士學位。據他所述，他以前老是很焦慮，不但懷疑自己的天賦，也擔心一切不如預期，但他以這種方式度過了那段艱難時期。

「人生的道路從來不如預期，必須走一步算一步。

一連串的第二選擇，終究會成為最佳的選擇。」

意思是，如果前方有路，就要盡快邁出下一步；即便不是最佳的選擇，也要持續累積。

據說，奧斯卡四項大獎得主《寄生上流》導演奉俊昊也曾因為對某件事的執著與擔憂，度過了不少艱苦歲月。這段經歷讓他學會放下做到最好的執著，順應現實的腳步前進。

「電影人最大的恐懼就是執著。對某件事耿耿於懷，卻又擔心結果不順利，提前嚇自己。腦海中的畫面能不能如實出現在影片中，劇本有沒有寫好，剪輯夠不夠巧妙，配樂和音效好不好……擔心與害怕沒有盡頭。可是，最大的恐懼永遠不可能消失，你只能背著它前進。你必須不斷催眠自己，繼續走下去。」

這個例子再度強調，如果當下無法做到最好，就要臨機應變，投入第二選擇。

假如你的工作需要順應現實

從不得不順應世界變化的人的立場來看，最重要的智慧絕對是臨機應變。像是經營公司或從事的工作與消費者偏好息息相關的人，沒有什麼能比臨機應變更重要。

戰國時期的白圭被稱為商聖，他的經商哲學可以用一句話來概括，那就是「人棄我取，人取我予」。他在豐年買下過剩的糧食，等到凶年缺糧再全部賣掉；當人們不買衣服和家具的時候，他就大量收購，等人們買衣服和家具的時候，他再大量出售。相傳，這樣的策略讓他的財富年年翻倍。不過，白圭最看重的人生準則就是臨機應變，他曾說：

「很多人想和我學經商，但我不教那些不懂臨機應變、缺乏果決的勇氣、沒有好善樂施的仁心、不遵守原則的人。」

他把臨機應變列為經商的首要智慧，足見其重要性。說穿了，無論是追求人生變化，抑或爭取自己想要之物的過程中，臨機應變都是非常重要的品德。

不要為了填補內心的空虛，連心都失去了

任由缺憾繼續存在的智慧

「渺滄海之一粟。」

主動交出主導權的其中一個契機是，失去自己的內心。當你被人奪走內心，特別執著或依賴某樣東西的時候，即使看起來權力強大，也已經是任人擺佈。主導權爭奪戰當中，弱勢者最明顯的特徵就是容易被人奪走內心。假如一個人渴望得到別人的肯定，抑或感到格外孤單、藉由替代性滿足獲得人生滿足感、沉迷於關係之中而過度依賴別人，說他早已準備好被奪走內心也不誇張。在一段關係中，付出和接受心意雖然是理所當然，但僅限於雙向的交流，而不是完全的剝

奪。

上述幾種類型的人內心飢餓感特別強烈。愈飢餓的人愈容易暴飲暴食，對食物產生依賴。同理，內心長期飢餓空虛的人一轉眼就會把心交給別人，變得死心塌地，陷入任人擺布的局面。這種時候，最好的方法當然是成為自食其力的人，但在那之前，我們有必要先記住「內心的空虛不一定要填滿」。假如我們可以任由缺憾繼續存在，對它毫不在意，便能防止自己與別人交流心意的時候，完全失去自己的內心。

既是戰場，也是和平之地的內心

某天，被譽為大文豪的蘇軾和朋友一起遊覽赤壁——名著《三國志》中最強戰役之一，赤壁之戰的事發之地；同時也是燃燒的箭矢在空中飛來飛去，士兵們瀕死的慘叫悲鳴震撼天地，突然吹來詭異東南風的阿修羅場。

蘇東坡對赤壁之戰的過去瞭若指掌，但他詩中的赤壁卻有著截然不同的樣貌。那是清風徐徐、水流平緩的寧靜之地，在船上小酌一杯就能長出翅膀、成為神仙的地方，魚蝦成雙、獐鹿結伴的和平空間。蘇東坡透過赤壁古今的戲劇性對比，想表達的是「無常」。他撰寫的〈赤壁賦〉中有這麼一句話：

「寄蜉蝣於天地，渺滄海之一粟。㉝」

它描寫的是，縱然赤壁曾是勇士們爭奪天下的激戰之地，隨著時間的流逝，終究歸於寧靜，宛如什麼事都沒有發生過。人人自以為了不起，但其實我們都是微不足道、米粒般的存在。

我們時常以「無常」形容再華麗有用的東西，總有一天也會消失，但它其實也適用於相反的情況。比方說，即使某段時期感到痛苦、艱辛，早晚都會平息過去，這就是「無常」。

當我們接受無常時，就算是面對赤壁之戰那樣猛烈的內心之戰，我們也能在某種程度上抱持觀照的態度。各位必須相信，無論我們是否被人奪走內心，強烈依賴別人，這一切最後都會消失。

再者，內心的空虛不一定要填滿。任由缺憾繼續存在，並不會讓我們馬上死掉。

南宋的道川禪師如此描述自己沒有抓到魚，淒涼回到空船的情景：

「水寒夜冷魚難覓，留得空船載月歸。」

雖然乘船出海，難免想要滿載而歸，但回航的時候，只載了月光也無所謂。

不中第二支箭的方法

我們必須利用「積極的冷漠」，以免在填補內心空虛時，反倒被人奪走內心。在一段關係出問題之前，我們通常

㉝ 譯註：白話意思（作者原文）為「我們的生命就像寄居人間的蜉蝣，我們的身體就像藍海中的一粒小米」。

會從對方身上得到許多快樂和甜蜜。共處的時光是有趣的、開心的，也可以從中學習、獲得溫暖的慰藉，且不限於相愛的男女，或父母子女、主管下屬的關係。

要是在不知不覺中對這種甜蜜上癮，我們的身體就會出現類似糖中毒的症狀。吃完甜食後，雖然會立刻精力充沛，心情變好，但很快又會感到疲倦。

對人上癮也會出現相似的症狀。如果試圖用人填補內心的空虛，「將水倒入破水缸」的情況將層出不窮。這種時候，我們該做的不是繼續倒水，而是修補水缸。

現代精神醫學將對某種事物的過度執著稱為「受損的依戀」。依戀雖然是讓我們的日常保持健康的力量，可是當它的其中一部分受損，變得和破洞的水缸一樣時，就會產生「執著」。緊急應對這種症狀的方法正是「積極的冷漠」，稍微遠離自己感受到的特定情緒，便能減少它帶來的影響。

集佛陀法語於大成的《雜阿含經》中涵蓋了「不要被第二支箭射中」的內容。

「愚人與智者遭遇任何事情時，都會產生善念與惡念。愚人會被情緒俘虜，對其執著，而智者即使有情緒，也不會對其執著。是以，愚人會被第二支箭射中，但智者不然。」

積極的冷漠就是在被第一支箭射中以後，立即保持距離。人難免執著，但遠離它的話，就能減少二次傷害。要做到這點，務必要有「失去也沒關係」的心理準備。執著往往出自「不想失去」的心態，所以時常帶來很大的悔恨感。不過，有失必有得。放下執著的人，反而能凸顯自己的存在感。

白凡金九老師（韓國獨立運動領袖）年輕時曾被一位名為高能善的書生教導，據說他給了這樣的教誨：

「爬上樹枝並不稀奇，掛在懸崖時能夠放手的才是大丈夫。」

「懸崖撒手」字面上的意思是「放開掛在懸崖的手」，寓意是以勇猛的決斷力物色新的道路，也用來比喻陷入政治絕境的人放棄某樣東西，以開創新未來。對別人過度執著或依賴的人，也能從這句話獲得助益。藉由積極的冷漠放下對別人的執著，是找回被奪走的內心、重拾主導權的明智方法之一。

生活沒有失去樂趣，是我失去了力氣

為了不讓「努力」淪為「犧牲」

「沒有我就沒有領悟，
主角絕對不容忽視。」

人們常說，生活真無趣。如果你仔細琢磨這句話，就會發現他們的意思是自己沒什麼改變，只是生活不再有樂趣了。或許有人會反問：「經歷過大風大浪的話，難免會有這樣的想法吧？」然而，閱歷豐富或上了年紀的人並不全過著枯燥乏味的生活。

說得更準確一點，生活之所以變得無趣，其實是因為自己不是主角，被擠到了一旁。不管派對有多熱鬧，都讓人覺得無趣的原因顯而易見——沒有人來搭話，也沒有人關心自己，所以感受不到樂趣。

被擠到一旁，只能看著別人享受派對的無力感，如同生活失去樂趣的人所擁有的感受。可是，沒有人願意自己退到一旁，讓自己陷入無力感之中；認真過日子，為了家人不顧一切的人反倒是多數。

他們除了太努力生活，根本沒有其他過錯，為何會淪為配角呢？原因就在於，過去付出的努力被犧牲了。生活各方面都需要努力，但如果努力過頭，真實自我就會被擠到旁邊，而其他的事物會佔據生活的重心，奪走主角的位置。

李子樹的委屈

春秋戰國時期，晉國的吳猛年僅八歲就成為孝子，一生孝順。等到他年紀稍微大一點的時候，他還恣蚊飽血，善盡孝道。盛夏夜裡，他心疼父母被蚊子叮咬，刻意赤身睡在父母身邊，讓蚊子吸自己的血。孝順父母雖然是應該的，但他這麼做好像有點過了頭。

有人做得比吳猛更誇張，那就是後漢時期的郭巨。他與母親同住，過著困苦的生活。某一天，他看到母親為了孫子節食，認為自己不孝，便決定帶小孩上山，把他埋掉。這就是埋兒奉母：將小孩埋葬，以奉養母親。

所幸他在挖地的時候發現了黃金，結局圓滿，不過把這樣的事情稱為孝道，多少有些愚昧。對他們來說，孝道可謂是「近乎自殘的犧牲」。

然而，這類的故事在許多現代人的日常中都曾出現。他們為了實現自己的目標，傾盡所有，甚至達到不合理的地步。比如過度保護子女，奉獻整個成年人生，抑或為了追求功名聲望，付出超出常理的努力。最後，他們空虛、疲憊又痛苦，找不到生活的意義。驀然回首，生活已經不再有趣。

過度努力淪為犧牲，是因為我們太過關注犧牲的成果，毫不在意「犧牲對象」的痛苦。

古代中國人種植桃樹的時候，一定會在旁邊種李子樹。這樣一來，病蟲害就會集中在李子樹，使桃樹平安長大。此時，主人會因為桃樹長得好而開心，但李子樹實在太委屈了。因為它的生存價值僅僅在於代替桃樹受蟲咬，為它擋死而已。

我所愛的人事物犧牲了我

為了讓被擠到一旁的自己回歸原位，我們有必要重新思考佛陀出生後說的第一句話：天上天下唯我獨尊。這句話的首要意義並非「天地只有我存在」。天上天下，指的是天上是神的世界，天下是人的世界。換句話說，包含神界的整個世界上，最重要、最尊貴的都是我自己。這也意味著，我們這一生追求的聲名財富，以及自己的宗教理念、子女父母，都不能成為人生的重心。當他們成為重心時，真正的我就會被擠到一旁，變得無力。

這些闖進我的人生、成為重心的人事物有個共同點，他們全是我喜歡和熱愛的東西。他們強大誘人，甚至擁有犧牲我的力量。在整個犧牲的過程中，我明明是那棵受苦的李子樹，卻顧著看桃樹，陷入自己正在成長的錯覺。直到痛苦悄然成形，朝我襲來，我才明白自己不是主角。

活躍於一九〇〇年代的社會心理學家兼精神分析學家埃里希・佛洛姆（Erich Fromm）早就看透努力會淪為犧牲，讓人變得無力。他曾說：

> 「我們將這種疾病稱為倦怠，它讓我們感覺不到生活的意義，豐富卻毫無快樂可言的生活就像沙子一樣從指間溜走，令人困惑地不知道該往哪走。」

這段話準確地描述出，被擠到人生邊緣，活得像配角的人是什麼樣子。這也可說是主人和奴隸的差異。主人能夠獲得自己努力的結果，奴隸卻得把自己努力的結果交給主人。不管奴隸創下多好的成果，得到的都有限，過去付出的努力終究淪為犧牲。

仔細想想，我們的狀況其實大同小異。雖然我們像主角一樣思考、行動，真正的自我依然是犧牲者，總是讓生活中感受到的喜悅像沙子一樣從指間溜走。我們這時候該做的是，召喚身為人生主角的自己。

召喚「主角」我的原因

十八世紀初，朝鮮王朝末期的月峰大師將當代的詩、曲和散文編成《月峰集》。他在書中主張，修行的過程中，我這個「主角」相當重要。這裡用白話文簡單解釋大師敘述的部分內容如下：

「如果想獲得領悟，請靜坐參禪，召喚自己內心的主角。專心問它一切，直到世界的真面目如日月般清晰顯現。那樣的話，眼耳鼻舌身意就會敞開大門，不讓身軀在無主的狀態下遭受擺布。」

「即使你為了放鬆因坐禪僵硬的身體，帶著法度行走，也不能放下對內在智慧之光的修行。沒有我就沒有領悟，主角絕對不容忽視。我必須成為自己心中的真正主人。」

由於內容與佛教修行有關，想完全理解可能不太容易，不過這些段落的核心其實是召喚「真正的內在自我」，讓它成為主角。召喚的方法不難，就是花點時間全心關注自己，哪怕一天只有一小時也好。

西南航空名譽會長柯琳．巴瑞特（Colleen Barrett）憑藉「再生時間」，讓自己不會在忙碌的日常中忘記自己的主角身分。她最初只是個高階主管秘書，最後卻成為高階主管，堅守第一線整整二十三年。她在「再生時間」做的事情是，在早上另外抽出時間閱讀顧客的來信。她閱讀信件的時候，總是不斷反思人生的意義，於是內心變得充實，得以常保熱情。

有道是隨處作主，立處皆真。這句話的意思是「如果你成為你所到之處的主人，那你站立的地方就會成為真理」。

如果不想被擠到人生邊緣，不想在眾人愉快享受的人生派對中感到厭倦，務須停止犧牲，讓自己再次成為主角。

帶頭、跟隨，
或者閃避

提升社會地位的智慧

PART 6

世界變化不斷，方向難以捉摸。這不只體現於群體地位，亦體現於兩人之間的關係。現在關係親近，不保證下個月仍然友好；現在關係緊張，不代表明天就會打起來。關係的變化靈活，我們的認知卻很難跟上它的瞬息萬變。事實上，人類出於本能討厭變化，所以我們的認知也會想要停滯不前。變化伴隨著焦慮與恐懼，於是我們刻意遠離它，直到它清晰可見，才願意面對令人驚訝、困惑的結果。應對這種問題最有效的方法就是，持續製造陌生的狀況，設法適應它們。依心理學家的建議，「經常到陌生的地方散步」也是適應未來變化的絕佳方法之一。與其被變化推向未知的地方，倒不如自己先站在陌生變化的中心，為掌握未來主導權做好準備。

如果改變不了風向，
就調整名為「我」的風帆

要是不想被擠到邊緣，就成為主導權的中心

「夫吳人與越人相惡也，
當其同舟而濟，遇風，
其相救也如左右手。」

活在這個世界上，我們偶爾會忘記世界的變化有多頻繁。如果感覺自己目前的狀況偏向穩定、積極，便以為能一直這樣下去。這種錯覺往往會以悲劇收場。以公司為例，許多公司自以為是市場的贏家，卻錯過改變的機會慘遭淘汰；以個人為例，有的人總覺得一切都在自己的掌控中，最終卻以意外的方式失去地位。

人之所以會陷入這種意想不到的陷阱，通常是因為我們對於自身周遭環境的認識不夠全面，沒有從整體和綜合的角度著眼，只從極其片面的角度看待現實，使得我們無法掌握不斷變化的關係，沉浸在自己的觀點裡。結局不難預測，不外乎失去主導權，被無情地逼到角落，勉強過活。

經濟學中經常使用的「加拉巴哥症候群」（Galapagos Syndrome）指的是，未能察覺環境的多變而被孤立，換來失敗經驗的情況。為了防範這種情況，我們必須密切觀察每個時期都在改變的地緣政治關係，持續尋找我們應該在其中扮演的最佳角色與立場。

靈活、不片面的觀點

《戰國策》匯集了戰國時期廣為流傳的無數兵法，書中全是如何在血腥的權力鬥爭中生存下來的祕訣。

戰國時期，韓王有兩個兒子，分別是咎和幾瑟。當時，宰相公叔選擇幫助咎。咎和幾瑟經過熾烈的權力鬥爭，最終由咎獲得勝利，幾瑟則被流放。不過，幫助咎的公叔對於幾瑟沒死這件事耿耿於懷，因為他擔心幾瑟有一天會回來報仇，傷害咎和自己。因此，他計畫在幾瑟離開韓國之前，派遣刺客暗殺他。就在這個時候，他的部下出言阻止了他：

「公子咎對待公叔始終恭敬，是因為他顧忌幾瑟。如果幾瑟死了，公子咎的顧忌就徹底消失了，以後肯定不再重視公叔。因此，只有幾瑟不死，才能讓公子咎繼續依賴公叔。」

公叔大受啟發，取消了暗殺計畫。

公叔看待關係變化的角度過於片面，只想到公子咎和自己是「同一陣線」，完全沒有想到他們之間的關係可能產生變化，他的部下卻直接指出了這點，幫助他以更靈活的觀點看待當下的情況。

在《孫子兵法》登場的成語「同舟共濟」也提到了關係的多變性。「夫吳人與越人相惡也，當其同舟而濟，遇風，其相救也如左右手[34]。」吳國人和越國人豈止是互相討厭，

㉞ 譯註：白話意思（作者原文）為「吳國人和越國人互相討厭，但他們一同乘船渡江時，遇上了風浪，也會如左右手一般同心協力」。

他們仇視敵對，有如「不共戴天的仇人」。可是情況一改變，雙方竟變得像老朋友一樣，靈活地改變了彼此的關係。

泰德·透納的信念

不過，這句成語也可以解釋成「為了相同的目標，不得不互相幫忙」。其中強調的是我們必須在不斷的變化中，主動改變自己的角色和立場順應情況。

公叔的部下提出的建議和同舟共濟的重點一致，「永遠的關係」是不存在的，這意味著我們要視情況迅速轉換立場，做出相應的改變。有個美國人率先實踐這件事，並把它當作自己的信念，他就是人稱「媒體帝王」的泰德·透納（Ted Turner）。

泰德·透納在一九八〇年創立了二十四小時新聞台CNN。雖然韓國現在也有全天播報新聞的電視台，但CNN成立當時，大家都認為這樣的做法根本是瘋了。聽到泰德·透納計畫的人嘲笑他神智不正常，質疑誰會整天看新聞，但他依然秉持「供給創造需求」的信念，推動了這個計畫。如今，全世界超過一億的人每天看CNN。重點就在於，泰德．透納平時的信念：

> 「帶頭、跟隨，或者閃避。」（Lead, Follow, or Get Out of Here.）

他的信念完整地說明了社會地位的多變性。如果處於領導者的位置，就要果斷地站出來，發揮自己的能力；如果處於追隨者的位置，就要在那個位置上竭盡全力。如果是該退一步的時候，暫時閃避，在旁邊觀察情況，也是社會生活的一種智慧。

想要駕馭波濤，戰勝它並不是好辦法。你必須順應潮流的變化，在波濤減弱時放鬆自己，在波濤增強時出力配合。社會生活亦然。該仁慈就要仁慈，該強勢就要強勢。當下屬就別假裝主管，當主管就該領導下屬。若有社會地位的智慧，就不會在關係的地緣政治中遭到邊緣化，還能隨時重拾主導權。

變化隨時都在發生。為此，我們必須關注世界潮流與關係的變化，注意它的徵兆，也就是抱持「一葉知秋」的態度。

知識百科之一《淮南子》當中提到：

「見一落葉而知歲之將暮；睹瓶中之冰而知天下之寒：以近論遠。[35]」

如果心有旁鶩，只會被風浪捲走，從船上掉到海裡。假使改變不了風向，就好好調整名為「我」的風帆。

井外的青蛙不懂井的精深

必須把自己推向激烈的
競爭格局（Competitive Landscape）當中

「使遂蚤得處囊中，
乃穎脫而出。」

「井底之蛙」比喻的是被困在狹小的世界裡，固執己見的人。可是，這個說法似乎也把井裡的生活解讀得過於狹隘。井裡的世界充滿刺激，外界難以比擬。打雷的時候，井裡與井外分別是怎樣的感覺呢？井外是開闊的空地，雷聲很

㉟ 譯註：白話意思（作者原文）為「看到一片樹葉掉落，便知道那一年即將結束。看到瓶子裡的冰，就知道寒冷正在來臨。這就是以近論遠」。

快就會消失，但井又窄又深，在裡面聽到的雷聲與天崩地烈的聲音沒有兩樣。再者，井裡的生態系不多元，食物爭奪戰或許也比外界激烈。

追根究柢，身在井裡或井外並不重要。處在不同的環境，必然有截然不同的體驗，我們得藉此改變自己才行。因此，如果你是一直生活在井外的青蛙，就該懂得果敢跳進井裡面。

人也一樣。只有不斷改變環境，鍛鍊自己，才能提升自己對抗世界的戰鬥力，取得更多主導權。人們有明確的理由不去改變自身環境，像是不想承受更多的風險，不冒險的人生更安逸。然而舉步不前，就不可能創造任何的新結果。如果你有熱情，發展卻不如預期，不妨改變自身環境，以期持續成長。

改變自身舞台的毛遂

戰國末年，趙國感受到敵人的威脅，不得不向附近的楚國求援。這個重責大任落在了平原君頭上。他必須說服楚王與弱小國家結盟，也就是合縱。因此，他打算從家裡的食客中挑選二十名使者，跟他一起前往楚國。他毫不費力地選出十九人，卻選不出最後一人。此時，有個名叫毛遂的人站出來推薦自己。平原君問他當自己的食客多久了，他回答大概三年。平原君聽到他的答案，怨他不曾顯露才能。

「夫賢士之處世也，譬若錐之處囊中，其末立見。今先生處勝之門下三年於此矣，左右未有所稱誦，勝未有所聞，是先生無所有也。㊱」

毛遂聞言，毫不畏懼地回覆平原君：

「臣乃今日請處囊中耳。使遂蚤得處囊中，乃穎脫而出，非特其末見而已。㊲」

㊱ 譯註：白話意思（作者原文）為「真正有才能的人就像放在口袋裡的錐子，一下子就會顯露出錐尖。而你在我門下三年了，我卻沒聽說過你的名字，不就代表你沒有才能嗎」。

㊲ 譯註：白話意思（作者原文）為「那是因為平原君您從來沒把我放在口袋裡。就算是錐子，也要先放到口袋裡，才能顯露出錐尖吧？假如您這次把我放進口袋裡，我將會讓您見識到我鋒芒畢露的樣子」。

平原君決定信他一回，讓他加入了出使的行列。自此，毛遂開始活躍。前往楚國的途中，他與先前不信任他的另外十九人展開論議，慢慢讓大家看見自己的能力。

平原君與二十名使者好不容易抵達楚國後，隔天早上立刻拜見了楚王。但過了大半天，仍然得不出結論。正當大家都感到為難的時候，毛遂挺身而出，信誓旦旦地說：

「從之利害，兩言而決耳。今日出而言從，日中不決，何也？[38]」

楚王被這句話嚇了一大跳，於是給予他陳述主張的機會。最後，楚王被毛遂說服，同意合縱。

平原君返國路上，提到自己當初看不起毛遂的事情，決定不再評價任何人。

人生的成長靠的是果敢的冒險

上述的囊中之錐出自於司馬遷撰寫的《史記》，本義是「優秀的人就算被埋沒，還是會被人看見」。從整個故事情節來看，毛遂改變自己的處境，充分展現實力的策略著實亮眼。

我們無從得知，毛遂為何在過去三年沒有嶄露頭角，也沒有獲得推薦，躋身前十九名使者。但不可否認的是，他為求改變，選擇從一個安逸的食客成為辯士，將自己推入激烈論戰當中的事實。換個說法就是，他創造了「進入口袋的局面」。這是有意改變自身處境，激發自身潛能的卓越策略。

其實以長遠來看，特意將自己推入新環境無疑是非常有利的行為。演化心理學家們從「確保資源」的角度說明了人類受到陌生、新奇的地方吸引的原因。古代人一直過著游牧生活，現代人卻覺得這種生活太疲憊，畢竟習慣了一個地方以後，沒有必要繼續辛苦遷徙。

然而，若是從資源的角度來看，情況就不同了。持續待在同樣的地方，可以採集的食物和可以狩獵的動物將會愈來愈少，總有一天大家都會餓死。但要是遷徙到新的地方，便能確保食物與資源的存續，對人更有利[39]。總而言之，改變

㊳ 譯註：白話意思（作者原文）為「楚王，是否與趙國合縱不就兩句話嗎？為何您從日出談到日正當中，還無法做決定呢」。

㊴ 原註：全重煥（音譯），〈為什麼會陷入想像的世界〉，《京鄉新聞》，2024.3.13

環境可以讓人擺脫原本的極限和框架，得到更好的發展機會。

假使你感覺自己停滯不前，沒有任何變化，應該先反思所處環境，而非責怪自己。人類終究是在不斷的刺激下，持續冒險、探索、成長的存在。有句名言是：人生若不是一場果敢的冒險，就什麼都不是。說穿了，不願意冒險的人不過是以「一無是處的人」自居罷了。

謙虛並非對別人的體貼，而是自我防衛的武器

永遠有優勢和主導權的關係法則

「你知道茶水溢出會毀掉房間
地板，但你怎會不知道
知識溢出會毀掉人品呢？」

我們從某些品德中感受到的正面形象，有時和該品德帶來的實際利益並不一樣。舉例來說，我們覺得「勇氣」是一種很好的品德，但它其實需要冒險，也有可能使情況惡化。

反之，有些品德的形象相對溫和、不強烈，卻為我們帶來極大的利益。謙虛，即「尊重別人，不自誇的態度」，乍看是在體貼別人，最終目標卻是「將個人利益最大化」。說

得極端一點，謙虛可謂是只考慮自己的自私行為，別人不過是附屬工具。

想要找到比謙虛更尖銳、強大的武器，讓自己不陷入險境，抑或讓別人任由我掌控，絕對不容易。「放空自己」、「承認自己的不足，才能變成更好的人」等說法使我們誤解謙虛至今，以為它溫和、軟弱。這樣的形象顯然不足以體現謙虛的策略面。謙虛其實強而有力，甚至說它是讓我們的主導力道幾近倍增的致命武器也不為過。

大師向孟思誠發動的關鍵一擊

世宗大王親信之一，有個名為孟思誠的人。他十九歲就考上狀元，展現天才般的實力。二十歲時，他被任命為坡州郡守，儘管他為此自滿，感覺也不算過分。

就任以後，他拜訪了一位大師，請他對自己說些有益的話。他很好奇自己應該怎麼治理這個城市，大師說的話卻令人喪氣，不外乎是「不要做壞事，多做好事」這類的話。孟思誠覺得大師的話比想像中無聊，以沒必要繼續聽的語氣說這些三歲小孩也知道，起身想要離開。大師見狀對他說，既然都來了，就喝杯茶再走。可是大師倒茶的態度很奇怪，明明茶水已經溢出來了，他還一直倒，放任茶水流到地上。孟思誠告訴大師這件事，大師卻回他：

「你知道茶水溢出會毀掉房間地板，但你怎會不知道知識溢出會毀掉人品呢？」

孟思誠對自己的傲慢感到羞愧，匆忙離開，卻撞上了門楣。

大師再度發動關鍵一擊。

「低下頭，就不會撞到頭了。」

調整心態，保持謙虛，得利的終究是自己。如此一來，不但不會毀掉自己珍貴的人品，也不會撞到頭。不必被瑣事左右，也不用挨罵。謙虛既不是壓低姿態，也不是退讓，而是最具攻擊性的自我防衛。

拔不出刀鞘的刀

此外，謙虛對於掌控別人也有很大的助益。舜治國時，南方的苗族令他很頭痛。他將討伐苗族的任務交給禹，但這件事並不簡單。苗族激烈反抗，實在難以馴服。對此，有位大臣建議他：

「滿招損，謙受益，這是天經地義。我們不妨撤軍，以教育感化他們？」

禹聽取建議，撤離軍隊，開始教化苗族，果然讓他們變得恭順。後來，禹獲得了「大禹」的尊稱。

在這個故事當中，謙虛是一舉兩得。苗族變得恭順、禹獲得尊稱，全都是好事。由此衍伸的成語是「滿損謙益」，意思是傲慢會吃虧，謙虛會受益。

一八〇〇年代的英國詩人威廉・華茲華斯（William Wordsworth）曾說，相較於毫不謙虛的趾高氣揚，謙虛躬身的行為更明智。

這裡的「明智」和智慧略微不同，說的是善於分析事理、妥善處理事情的才能，比較接近合宜處理現實問題的訣竅和技巧。換句話說，華茲華斯十分清楚謙虛帶來的最大利益。

可是，我們不應該把焦點放在誰「驕傲」或「謙虛」。無論驕傲或謙虛，因此產生的情緒和想法皆與我們本身沒有太大的關係。真正重要的，就只有驕傲造成的損失，以及謙虛帶來的利益。我們可以從孟思誠和苗族的例子得知，謙虛永遠能帶給我們利益，讓我們得以在關係中掌握主導權。因此，我們沒有理由不謙虛。

謙虛是看待世界的方式

既然如此，該怎麼做才能將謙虛完全體現於我們的生活態度呢？態度更恭敬一點，低著頭就能變得謙虛了嗎？事實上，謙虛並非外在的說話方式或行為，而是看待世界的一種方式。

美國喬治梅森大學的瓊恩・坦格尼（June Tangney）教

授曾研究謙虛的人有什麼特徵，以及讓他們變得謙虛的關鍵原因。最後，他總結出以下六個特徵：

- 比別人更了解自己的能力與性格。
- 比別人更容易接受自己的缺點與極限。
- 對不同的意見或視角，採取開放的態度。
- 不過分誇大自己的成就或功勞。
- 不沉浸在自己的世界當中。
- 懂得珍惜別人或與自己無關的事物。

全部的特徵都和個人看待世界和別人的方式有關，謙虛的語氣和行動便出自於此。

更重要的是，形成這些特徵的關鍵原因是什麼。心理學的研究結果顯示，這一切始於「我不需要得到特殊的待遇」的自我認知。將「得到與付出的努力同等的待遇是理所當然，但沒有必要得到更特殊的待遇」當作常識，方能做到真正的謙虛。

總的來說，謙虛是我們日常處事時自然而然得到的武器，光是改變言行是做不到的。要是實現前述的六個特徵，你就可以毫不費力、順理成章地擁有謙虛的態度。

相較於狐狸的小聰明，
刺蝟的關鍵一擊更必要

該如何實現人生的大馬不死？

「夫英雄者，胸懷大志，
腹有良謀，有包藏宇宙之機，
吞吐天地之志者也。」

主導權沒有絕對。即使我現在有一百分的主導權，只要別人有一百一十分，我就會失去主導權。就好比炫耀自己是「十億富翁」的人，在擁有五十億韓元的富翁面前往往變得畏縮一樣。主導權之爭似乎永遠看不到終點，極有可能令人感到艱辛無比。

不過，解決的方法其實不難，將人生中的「大馬」養得結實精壯便可。「大馬」出自圍棋術語中的「大馬不死」，比喻自己的棋子形成巨大力量時，無論對手的攻擊有多強，都有辦法活下去。

在我們的人生當中，大馬是最該追求的明確目標、明確角色，同時也是我們的競爭力。當別人與我們不相上下、如出一轍時，必然要創造屬於自己的大馬。

在全球化管理的世界裡，被譽為傳奇的管理者都有屬於自己的明確大馬。賈伯斯（Steven Jobs）的大馬是「不同凡想」（Think different），象徵驚人的使用者體驗和創新。三星李健熙會長的大馬是藉由「改變一切」，成為時代的開拓者。當一個人可以創造屬於自己的大馬，並且展現出來的時候，便能在相對比例不斷改變的主導權之爭中，擁有絕對地位。

曹操心目中的英雄

《三國志》中，劉備和曹操尚未正式對立之際，兩人曾一同飲酒，討論「誰是天下英雄」。

曹操先問劉備：

「玄德久歷四方，必知當世英雄。請試指言之。[40]」

劉備將袁術選為第一個英雄，說他兵糧足備，可謂英雄。曹操卻反駁袁術已是塚中枯骨，自己早晚會抓住他。

劉備將袁紹選為第二個英雄，說他四世三公，門多故吏。曹操卻說袁紹好謀無斷，見小利而忘命，不是英雄。

劉備將劉表選為第三個英雄，說他名稱八駿，威鎮九州。曹操卻回他劉表虛名無實，不是英雄。

此後，劉備陸續提到孫策、劉璋、張繡、張魯、韓遂等名人，但曹操毫不留情地貶低他們，不是說他們藉父之名，就是說他們只是碌碌小人。直到劉備再也說不出稱得上英雄的名字，曹操這才說出自己心目中的英雄。

「夫英雄者，胸懷大志，腹有良謀，有包藏宇宙之機，吞吐天地之志者也。[41]」

曹操和劉備「欲成英雄必定要有遠大志向」的這段對話，即為四字成語胸懷大志的典故。

拯救自己的核心價值

若以現代語言重新詮釋曹操所說的英雄特質，應當是「核心價值」（Core Value）。若從管理的角度著眼，核心價值就是公司追求的終極方向（大志），不僅蘊含各種策略（良謀）、對待眾消費者的態度（宇宙之機），還揭示了公司未來的藍圖（吞吐天地之志）。

一旦建立卓越的核心價值，就能和競爭對手呈現明顯區別。不光是這樣，擁有主導權的公司無論陷入任何危機，都不會輕易崩潰。因為他們等同擁有大馬，具備了不死的條件。

㊵ 譯註：白話意思（作者原文）為「你走遍天下，一定知道誰是當今的英雄，請說看看吧」。

㊶ 譯註：白話意思（作者原文）為「所謂的英雄，必須有遠大志向和良好策略，胸襟如宇宙浩然，志氣如天地廣大」。

個人也一樣。沒有人可以動搖專屬於你的競爭力與形象，它將成為你獨有的本質，讓你在群體中可以掌握自身領域的主導權。擁有各式各樣的才能固然是好事，但追求壓倒性的核心價值，付諸實踐更重要。

在《楚漢志》登場的英雄項羽，雖然謀略不足，不太會解讀政治局勢，卻擁有無人能敵的卓越戰力。他從一開始就確立了自己嚮往的大馬。

某天，項羽向自己的叔父項梁求教。在項梁看來，項羽雖然自幼習文，卻只是粗通文墨，而練了劍也不精通。他責罵項羽為何什麼都不擅長，項羽回他：

「書足以記名姓而已。劍一人敵，不足學，學萬人敵。[42]」

項羽的大馬正是「能夠對付一萬人的兵法」。他在文科根本沒有天分，於是決心將自己獨有的能力發揮在戰鬥之上。後來，項羽憑藉項梁教他的兵法與自身優越的身體條件，成功稱霸天下，獲得「楚霸王」的頭銜。

除此之外，項羽從小就志向遠大。有一次，項梁和項羽一起去觀賞秦始皇出巡。當時他出神地看著眼前的情景，在無意間說出：

「彼可取而代也。」

項梁聞言大驚失色，摀住了他的嘴巴，唯恐別人認為他們想叛國。重要的是，項羽擁有明確的大馬，無論那是與生俱來或後天養成。

獨一無二的決定性武器

一九〇〇年代，英國哲學家以賽亞·伯林（Isiah Berlin）曾於寓言故事《刺蝟與狐狸》中提到攻擊別人的「關鍵一擊」。

㊷ 譯註：白話意思（作者原文）為「我認為只要會寫名字就夠了。而僅能對付一個人的箭法不值得學習，倒不如學習能夠對付一萬人的兵法」。

狐狸的花招很多，獵捕刺蝟的方式五花八門，比如躲起來伺機而動、快腿猛追威嚇，甚至還會裝死，但牠們時常被刺蝟的尖刺秒殺。換言之，狐狸在追求各種事物的過程中反覆試錯，而刺蝟雖然只有一種決定性武器，卻靠它倖存下來。

我們人生中的大馬酷似刺蝟的尖刺與項羽的戰力。不能樣樣精通，就要找一個自己能夠掌握主導權的領域，使其成為自己的矛或盾。

卓越的優點不僅僅是彌補或稍微掩蓋弱點，還可以完全掩蓋它。千萬要記得，唯有人人點頭稱是的利器能讓我們的缺點消失，強化我們的本質，令我們脫穎而出。

用道歉讓關係煥然一新，
用反省讓自己煥然一新

務必停止狡辯，提出補償和對策

「小人不會改過，也不怕自欺
欺人，必然重蹈覆轍。」

使主導權動搖的最大危機就是，對別人犯錯或失誤的時候。可以這麼說，信賴感遭受打擊足以動搖主導權的根本。由於主導權不是肉眼可見、雙手可及的東西，因此只能建立在互相信任的基礎上。

然而錯誤會令人起疑，摧毀信任的基礎。因此，如果犯了不符期望的錯誤，導致主導權面臨動搖的危機，最可靠的解決方式就是真誠地道歉。

說實在的，誰都有可能犯錯，錯誤本身並非決定結果的關鍵因素。但如果不道歉，你就該有心理準備，自己即將面臨更大的危機。道歉看似簡單，做起來卻不簡單，所以很多人猶豫、排斥，甚至是拒絕，透過狡辯來迴避問題。道歉這麼困難，肯定有其原因。

哈佛大學精神醫學教授亞倫·拉扎爾（Aaron Lazare）說過，道歉是最深奧的人際互動。擊敗自己的自尊心，承認錯誤並請求原諒，這樣的過程絕對不容易。不過，主導權之爭的終點正是，學習如何在自己犯錯或失誤時，進行最深奧的人際互動。

不道歉的話，就會開始狡辯

中國晉朝有個名為孫楚的人，他從年少時期就很嚮往遠離世俗的隱居生活。當時，人們經常以「枕石漱流」比喻隱居生活，好比以「天高馬肥」形容秋天一樣。孫楚也想借這個比喻將自己的理想傳達給朋友，不料卻說錯了話。

「我以後要漱石枕流。」

朋友歪著頭，指出了他的錯誤。孫楚驚慌回道：

「我之所以枕流，欲洗其耳；所以漱石，欲礪其齒。[43]」

「漱石枕流」便出於這個典故。這個成語後來常用於為自己的過錯狡辯，不願意認錯或道歉的情況。

直至今日，以狡辯取代道歉的情況仍然普遍。人們往往不認為問題出在自己身上，老是說自己委屈，刻意曲解事實。譬如損害了某個人的名譽以後，聲稱「我這是在揭露真相，還他清白」，抑或辯駁「任何人都會這麼做，我沒有做錯」。問題是，如果不糾正錯誤，向別人道歉的話，這種事情只會一再發生。

《論語》對犯錯後的狡辯提出了譴責。

㊸ 譯註：白話意思（作者原文）為「枕流，是為了在聽到世俗喧鬧的聲音時滌淨耳朵。漱石，是為了磨利牙齒」。

「小人犯了錯，肯定會以不實的言詞掩飾其過失……小人不會改過，也不怕自欺欺人，必然重蹈覆轍。」

每天向自己道歉

為自己的過錯狡辯，是因為道歉會把自己推向困境。絕大多數的人都想活得堂堂正正，擁有高道德感。然而，犯錯與道歉等於承認自己沒有活得堂堂正正，道德感低落。所以就某方面來說，有人不願意認錯也是理所當然。但其實，戰勝羞愧、真誠道歉的人們更值得欽佩。

在管理學中，有個名為「服務補救矛盾」（Service recovery paradox）的概念。消費者購買的商品或服務出現問題時，如果不進行辯解或狡辯，直接道歉並提出對策，更容易獲得客人的青睞或好評。甚至可以說，出現道歉的機會反倒好，因為可以提高客人的滿意度。有了需要道歉的嚴酷經歷，情況就會比先前好上許多。

有個故事提到了嚴酷經歷如何讓現在優於過去，那就是柳暗花明，意指「經歷緊張與對峙之後，在無路可走的情況下，發現新的餘地和希望」。

南宋時期有個叫做陸游的人。他未能實踐政治夢想，於是到鄉下隱居。他每天晚上都牽掛著國家，度過了一段艱難的時期。有一天，他被遠處的樂聲吸引，踏入了一條山間小徑。走著走著，山路愈來愈崎嶇陡峭。他想要回頭，卻愈走愈深。突然間，一個宛如秘密世界的小村莊出現在他眼前。那裡的純樸村民端出酒肉款待陸游，使他沉浸在滿滿的幸福當中，於是他寫了一首詩。

「山重水複疑無路，柳暗花明又一村……從今若許閑乘月，拄杖無時夜叩門。㊹」

假如在嚴酷、傷自尊的環境中欣然道歉，就有機會修復

㊹ 譯註：白話意思（作者原文）為「層巒疊嶂、溪流遍布，我本來以為已經沒有路了，誰知道會有一個柳樹成蔭、鮮花盛開的村莊呢……以後有時間的話，我會再乘著月光，拄著拐杖，隨時在晚上過來敲門」。

關係、重拾主導權，感受何謂柳暗花明又一村。既然徹底反省了，便不會再重蹈覆轍。一如服務補救矛盾，這輩子有道歉的機會或許更值得慶幸。

讓自己每天煥然一新的力量

但各位一定要知道，道歉不僅僅是為了傳達自己的歉意。以「我錯了，對不起」為重心的道歉，根本不是真正的道歉。道歉的時候，一定要明確提出相應的補償和對策，告訴對方「對不起，我以後會……」「我錯了，我以後會……確保不再犯錯」，而不是簡單一句「對不起」就結束，就算是非常親近的朋友和夫妻之間也一樣。要是沒有對策，修復關係恐怕不容易。

另外，反省不只適用於別人。每天的自我反省無異於向自己道歉，此過程顯然是在摸索更好的發展方向。

商朝開國之君，湯的浴室裡刻著一段話：

「苟日新，日日新，又日新。」

「自新」的意思是反省、改正一天的錯誤，持續振作精神，藉此重獲新生。這類的自我反省確實會帶來壓力，但輕微的壓力與疫苗沒什麼兩樣。疫苗的原理就是事先注射少量毒素，以防我們得到更嚴重的疾病。

自我反省也是如此。我們可以透過每天的反省自新，減少對別人犯下大錯的機會。用道歉讓關係煥然一新，用反省讓自己煥然一新，這兩種方式總會在我們面臨危機的時刻，成為我們的救命繩。

· 結語 ·

重新出發，
現在正是最佳時刻

回到過去，改變自己的未來，是相當常見的電影幻想情節。雖然不可能，卻很吸引人。對現狀感到後悔的人，或許會更迫切希望這樣的事情成真。假如真的回到過去，我們就能以百分之百的效率修正自己的人生。因為我們清楚知道該改變的是什麼，最有效的方法又是什麼，天底下沒有比這更棒的事情了。

感嘆命運的盧生 vs. 地位顯赫的盧生

「邯鄲之夢」出自唐代諷刺小說《枕中記》。

有位名叫呂翁的道士到邯鄲的一家酒館作客。在他等待飯和酒上桌的時候，坐在隔壁桌的盧生一邊喝酒一邊感嘆自己的命運，然後就不知不覺睡著了。盧生夢到了一個精采的人生。

他不但和名門之女舉行了盛大的婚禮，還輔佐皇帝開創太平盛世，登上宰相寶座。但有一天，他捲入了不好的事件中，被流放到鄉下。歷經數年的艱辛，他總算洗清冤屈，恢復官職。他生的五個兒子全都和名門望族結親，成為高官貴族。盧生度過幸福的晚年，直到八十歲才安詳離世。

盧生從夢中醒來，再度看到熟悉的光景。一旁的呂翁道士點的飯和酒尚未上桌，酒館主人正忙著擺設桌面。此時，看著盧生作夢的呂翁笑著說：

「人生不過如此。」

這個故事告訴我們，人生就是春夢一場，虛無飄渺。假如換個角度看，我們就會得到截然不同的啟發。在這個故事裡，在酒館裡哀嘆命運的盧生是現實，地位顯赫的盧生是夢境，但如果反過來呢？假設地位顯赫的盧生在臨死前回到數十年前，變成現實的盧生，肯定會抱持完全不同的生活態度。因為他已經走過一遭，深知怎樣才能過得更好，甚至懂得如何不被冤枉。

未來十年，來得和過去十年一樣快

與其想著「回到過去」，不如想像「今天的我來自未來」。儘管不會是百分百，不過以目前的生活樣貌勾勒未來的生活樣貌並不難。我們其實可以大致勾勒自己的未來，只是沒有認真想過而已。特別是回顧過去時，就能知道自己的現況是如何形成的，想像未來自然不是難事。假如今天是我從未來回歸的第一天，就再好不過了。現在才剛開始，我就站在出發點。

這本書一直在探討的主導權，出發點也是心態。人生無法重來，想要擁有主導權，務必意志堅決，以主角的心態撐到最後，絕對不能示弱。倘若你現在感到精疲力盡、疲憊不堪、前程渺茫，試著想像今天是你從未來回歸的第一天吧。從根本上改變心態，重新出發。

未來的十年或二十年，可能看起來很遙遠，才會讓你覺得慢慢準備也沒關係。事實卻非如此。想想過去的十年或二十年，是不是快得難以言喻呢？要知道，未來正以這樣的速度朝著我們飛奔而來。

雖然不必操之過急，但你如果清楚未來比想像中更快到來，就會對今天的計畫更有決心。有機會的話，各位不妨思考一下，該如何透過這本書所說的主導權豐富自己的人生。

別為了做好人,淪為好欺負的人：掌握主導權,活成人生主角 / 李南勳作 ; Loui譯. -- 初版. -- 臺北市：春天出版國際文化股份有限公司, 2025.09
面 ; 公分. -- (Better ; 53)
譯自： 좋은 사람 되려다 쉬운 사람 되지 마라
ISBN 978-626-7735-61-9(平裝)

1.CST: 人際關係 2.CST: 生活指導

177.3 114011316

別為了做好人，淪為好欺負的人

좋은 사람 되려다 쉬운 사람 되지 마라

Better 53

作　　者◎李南勳
譯　　者◎Loui
總 編 輯◎莊宜勳
主　　編◎鍾靈
出 版 者◎春天出版國際文化股份有限公司
地　　址◎台北市大安區忠孝東路4段303號4樓之1
電　　話◎02-7733-4070
傳　　真◎02-7733-4069
E－mail◎frank.spring@msa.hinet.net
網　　址◎http://www.bookspring.com.tw
部 落 格◎http://blog.pixnet.net/bookspring
郵政帳號◎19705538
戶　　名◎春天出版國際文化股份有限公司
出版日期◎二〇二五年九月初版
定　　價◎360元

總 經 銷◎楨德圖書事業有限公司
地　　址◎新北市新店區中興路2段196號8樓
電　　話◎02-8919-3186
傳　　真◎02-8914-5524
香港總代理◎一代匯集
地　　址◎九龍旺角塘尾道64號 龍駒企業大廈10 B&D室
電　　話◎852-2783-8102
傳　　真◎852-2396-0050

ISBN 978-626-7735-61-9